新疆经营性公路收费定价研究

新疆交通投资（集团）有限责任公司·编著

上海科学技术出版社

Synopsis 内容提要

  本书主要介绍了对新疆维吾尔自治区经营性收费公路定价思路、定价方案与方法的研究成果。第一章首先基本介绍了收费公路基本背景及投融资模式、基础现状普及，并对目前国内和新疆收费公路发展现状、收费公路投融资模式及筹融资资金来源作了介绍。其次以收费公路定价理论为切入点，对收费公路的发展历史沿革与各历史阶段进行介绍，最后对收费公路定价影响因素、定价测算模型与定价策略等全过程收费公路定价过程中的各环节进行了详细阐释。第二章进一步细化至经营性公路定价领域，介绍经营性公路收费定价等有关领域的政策及方法，引入三维视角下的公路收费定价需求，为后续引入收费公路定价方法做铺垫。第三章提出三维视角下的新疆经营性公路收费定价方法，详述了整体方法与定价思路。第四章与第五章则是将定价方法实际应用于 S20 五工台—克拉玛依一级改高速公路建设项目与 S21 阿勒泰—乌鲁木齐高速公路建设项目，为两个经营性收费公路项目提供有关定价参考方案及有关依据。

编委会
Editorial Board

顾　　　问　孙泽强　王　成　胡明英

编委会主任　鲁新虎

编委会副主任　钟　莲　史永寒

编委会委员　**新疆交通投资（集团）有限责任公司**
　　　　　　　杨典光　维力江·阿布来提

　　　　　　　新疆交投资本控股有限公司
　　　　　　　岳　斌　杨凯杰

　　　　　　　新疆交通规划勘察设计研究院有限公司
　　　　　　　张　健　马莉霞　薛浩楠

　　　　　　　新疆交通科学研究院有限责任公司
　　　　　　　李祥鹏　张　娇　郭新南

　　　　　　　新疆大学
　　　　　　　孙小慧　吕疆红　王　军

　　　　　　　新疆交投阿乌高速公路有限责任公司
　　　　　　　张琪瑞　翁文忠

前言 Preface

自1988年国家发布"贷款修路、收费还贷"政策以来，我国进入了高等级公路收费建设高速发展阶段。历经三十多年大建设大发展，各省市公路网（尤其是高速公路）规划建设实现跨越式发展，国家主干线公路网服务能力和品质逐渐完善，截至2021年末，收费公路规模达到18.76万千米，形成独具特色的收费公路网络体系。与政府财政实力增长形成鲜明对比的是，采用政府财政投资和贷款建设的政府还贷路的比重在逐年降低，经营性公路比重逐年增长。不少地区，尤其是中西部地区省份的高速公路建设资金缺口越来越大、财政负债率逐年攀高。基于以上背景，各级政府及交通行业主管部门顺应投融资体制改革，扩充融资渠道，引入社会资金投入公路建设。同时政府还贷公路通过市场化等多种方式转化为经营性公路。经营性公路投资不仅包含财政投资，而且扩大至全范围的社会资本投资，包括但不限于专项债券、银行贷款、资本市场融资、引入外资等。由于社会资本的趋利性需求，其投资的最基本要求是满足其覆盖成本和合理收益。作为公共服务产品的一种，经营性公路的收费定价基数将影响到社会全要素生产率，对保障经济运行效率、缓解交通运输压力具有举足轻重的作用。

高等级公路具有投资资金大、回收周期长等特点。近年来，土地、原材料、物资、人力价格上涨，公路建设成本逐年攀升，投资效益愈发不足。据测算，一条经营性公路从投资建设到收回投资成本，在东部沿海经济发达地区一般需要20年时间，而在中西部地区则需要30年甚至更长时间。在资本逐利的市场投资定律下，上述情况再叠加缺乏稳健的收费定价保障政策机制，制约了社会资本方的投资意愿。

为了解决上述问题，新疆交通投资（集团）有限责任公司联合新疆交通规划勘察设计研究院、新疆交通科学研究院、新疆大学等单位编写本书，旨在研究新疆经营性公路收费定价方案及"一路一价"收费政策的内涵需求，为新疆经营性公路收费定价理论与定价实施提供支撑，在保障公众服务定价诉求的同时，激发新疆社会资本投资活力，为新疆交通强国建设按下"加速键"。

新疆维吾尔自治区地处中国西北，地域辽阔、地质条件复杂多样，公路造价与交通流量匹配度低，公路资产直接收益水平普遍不足，发展市场化经营性公路较内地省市更为困难，公路使用者、投资者、行业主管部门对公路供给与需求间的三方矛盾也更为明显。2017年前，新疆的收费公路均为政府还贷路，执行"高速、一级公路0.35元/（车·千米），二级路0.25元/（车·千米）。南疆四地州高速、一级公路0.30元/（车·千米），二级公路0.20元/（车·千米）"的行业主管部门指导价。该政策在当时统筹考虑了区域经济发展水平与收费公路投资建设情况，符合当时需求。随着经济社会环境的变化，上述统一的政府指导价机制已逐渐不能满足现状及未来高等级公路高成本低效益的发展趋势。

2017年，新疆对新建收费公路实行"一路一价"的价格政策，即对2017年以后新建或改扩建的高速、一级公路，不分区域，统筹考虑未来公路投资建设成本及规模等因素实行"一路一价"的收费公路定价方式。在此期间，新疆地区的经营性公路比重迅速上升。例如G3001西绕城、G7大黄山至乌鲁木齐、G30乌鲁木齐至奎屯、G30小草湖至乌鲁木齐、G30吐鲁番至小草湖改扩建等高速公路项目，重点解决了阻碍人民群众进出疆大通道的问题，极大地提高了行车舒适性、安全性与便捷性，对指导公路收费发挥了重大作用。然而，该政策在执行过程中也显现出诸多不足，主要表现为：仅从投资者单一角度考察项目还贷能力，定价角度单一；收费标准制定后忽略了对路网交通量均衡性的评估；对收费标准定价的关键因素——养护运营管理成本缺乏全面系统分析；收费标准审批流程复杂等。

同时，使用者、投资者、行业主管部门三方矛盾也逐渐凸显。从使用者角度来看，新疆地广人稀、城市间距离远，出行里程相对较长，运输和出行成本较高。从行业主管部门来看，地方财力相对不足，地方财政提供项目资本金、运营补贴等资金支持存在一定困难。从投资者角度来看，新疆以山地和盆地为主，桥隧工程多，公路项目建设期资金投入大。同时，新疆经营性公路费率低，交通量少，通行费收入少，投资人难以收回成本，而政府缺乏相应的政策性补助支持，进而导致整个公路产业难以闭环运行。综上，新疆经营性公路发展急需相应的政策支持和合理的收费标准机制来统筹协调使用者、投资者和行业主管部门的三方利益。

本书旨在研究新疆地区经营性公路收费定价方案及"一路一价"收费政策的内涵需求，为新疆地区经营性公路收费定价理论与定价方案提供支撑，以期建立符合市场规律的收费价格理论、政策、模式及方法体系，推动区域交通强国建设，激发社会资本投资活力，提高新疆公路建设运营效率，优化公路网结构和服务质量。

本书适用于新疆乃至全国收费公路投资者、经营者所属工作人员，政府有关主管交通运输及收费公路定价的部门公职人员，收费公路有关领域研究人员等。本书联合新疆交通投资（集团）有限责任公司、新疆交通规划勘察设计研究院、新疆交通科学研究院、新疆大学等单位，经过实地调研及收集全国乃至新疆区域收费公路有关数据及政策，从各参与单位本职工作的不同角度形成研究成果。

作　者
2024 年 7 月

目 录 Contents

第 1 章　收费公路筹融资与定价理论 …………………… 1
    1.1　收费公路类型 …………………………………………… 1
    1.2　国内收费公路行业发展状况 …………………………… 3
    1.3　收费公路投融资 ………………………………………… 6
    1.4　收费公路发展历程 ……………………………………… 16
    1.5　收费公路定价影响因素 ………………………………… 21
    1.6　收费公路定价测算模型 ………………………………… 26
    1.7　现行收费公路定价策略 ………………………………… 28

第 2 章　经营性公路收费定价政策及需求 ……………… 34
    2.1　国外收费定价政策 ……………………………………… 34
    2.2　我国收费定价政策 ……………………………………… 35
    2.3　新疆经营性公路的收费定价政策 ……………………… 39
    2.4　外省公路收费定价方法 ………………………………… 48
    2.5　投资者视角下的公路收费定价需求 …………………… 60
    2.6　道路使用者视角下的收费定价需求 …………………… 71
    2.7　行业主管部门视角下收费标准定价需求 ……………… 88

第 3 章　三维视角下新疆经营性公路收费定价方法研究 ……… 98
    3.1　新疆经营性公路收费定价存在的问题 ………………… 98
    3.2　三维视角下新疆经营性公路收费定价方向与目标 …… 102
    3.3　三维视角下新疆经营性公路收费定价方法 …………… 104

  3.4 三维视角下新疆经营性公路收费定价配套政策需求 … 110

  3.5 定价结论 … 111

  3.6 定价建议 … 112

  3.7 适用前景 … 113

第 4 章 S20 五工台—克拉玛依一级改高速公路建设项目收费定价 … 115

  4.1 项目概况 … 115

  4.2 筹融资模式与资金结构 … 121

  4.3 基于现行收费定价测算 … 121

  4.4 三维视角下收费定价测算 … 133

  4.5 对比分析 … 152

第 5 章 S21 阿勒泰—乌鲁木齐高速公路建设项目收费定价 … 154

  5.1 项目概况 … 154

  5.2 筹融资模式与资金结构 … 158

  5.3 基于现行常规收费定价测算 … 159

  5.4 三维视角下收费定价测算 … 170

  5.5 对比分析 … 191

参考文献 … 194

第 1 章
收费公路筹融资与定价理论

1.1 收费公路类型

现行的《收费公路管理条例》将收费公路分为政府还贷公路和经营性公路两类。两种类型的收费公路在实施办法、运营期限、收支管理、可使用资金来源等方面存在一定差异，因此在经营性公路收费定价讨论前，需要厘清两种收费公路类型的特征与差异。

1）政府还贷公路

政府还贷公路是指县级以上地方人民政府交通主管部门利用贷款或者向企业、个人有偿集资建设的公路。政府还贷公路不以营利为目的，其收费收入主要用于偿还公路建设的贷款资金及利息、公路养护运营管理。

2）经营性公路

经营性公路是指国内外经济组织投资建设或者依照公路法的规定受让政府还贷公路收费权的公路。

3）政府收费公路（政府还贷公路）与经营性公路的联系与区别

2018年12月，中华人民共和国交通运输部向社会公开征求意见的《收费公路管理条例（修订草案）》中，将政府还贷公路和经营性公路表述修改为"政府通过举债方式建设或者依法收回收费权的公路（以下统称政府收费公路），国内外经济组织投资建设或者依法取得收费权的公路（以下统称经营性公路）"。随着投融资体制改革深化，政府向银行贷款修路调整为政府发行公开债券修路，政府还贷路转变为政府还债路，实际运用中两者统称"政府收费公路"。

根据《收费公路管理条例》的规定及实践经验总结，政府收费公路与经营性公路的区别主要包括以下几方面：

（1）投资和收费主体不同。政府收费公路的投资主体是"县级以上地方人民政府交通主管部门"，政府主管部门通过"依法设立专门的不以营利为目的的法人组织"管理收费公路并收取通行费。经营性公路的投资主体是采用竞争方式选择的国内外经济组织，投资者通常需要设立项目公司运营并收取通行费，项目公司具有营利性。

（2）收费用途不同。政府收费公路为非营利性，其收取的车辆通行费用于偿还集资款本息和支付必要的公路养护费用。经营性公路允许社会资本通过投资、建设和运营获得合理收益，其收取的车辆通行费收入除偿还贷款本息、支付养护管理费用外，投资人还可以从中获取投资收益。

（3）对通行费收入的管理体系不同。政府收费公路实行"统一管理、统一筹款、统一还款"，强调"收支两条线"。车辆通行费需上缴至财政专户集中、统一管理，通行费支出预算经批准后，返还给运营单位或企业作为营业收入。经营性公路收取的车辆通行费则全部属于公司经营收入，项目公司按其章程约定自行管理和支配。

（4）收费年限不同。政府收费路的收费年限一般不超过15年，最长不超过20年。经营性公路的收费年限一般不超过25年，最长不超过30年。2018版《收费公路管理条例（修订草案）》对收费年限的要求更为宽松："政府收费公路项目的偿债期限应当按照覆盖债务还本付息需求的原则合理设置。经营性公路项目的经营期限，按照收回投资并有合理回报的原则确定，一般不得超过30年；对于投资规模大、回报周期长的收费公路，可以超过30年。"

（5）政府收费公路与经营性公路之间的联系。政府收费公路通过特许经营权协议转让可以转变为经营性公路，经营性公路也可以收回由政府运营。政府收费公路也有企业运营管理的案例。各省成立收费公路投资运营主体（如地方交投）时，主要通过存量政府收费路划转形成资产权益，并市场化投融资运作。不管是旧有的 PPP 模式，还是目前特许经营新机制，都允许政府与社会资本共同合作经营。

1.2 国内收费公路行业发展状况

1.2.1 国内收费公路收支情况

建设投资方面，2021 年末，全国收费公路累计建设投资总额为 121 184.4 亿元（图 1-1）。累计资本金投入 39 011.2 亿元，资本金比例 32.2%；累计债务性资金投入 82 173.2 亿元，债务性资金比例 67.8%。与上年末相比，全国收费公路累计债务性资金投入由 73 642.5 亿元增加到 82 173.2 亿元，净增 8 530.6 亿元，增长 11.6%。

债务余额方面，2021 年末，全国收费公路债务余额为 79 178.5 亿元。其中，高速公路 74 853.9 亿元，一级公路 2 507.0 亿元，二级公路 122.1 亿元，独立桥梁及隧道 1 695.5 亿元，占比分别为 94.5%、3.2%、0.2% 和

图 1-1 2012—2021 年累计收费公路建设投资总额

资料来源：交通运输部官网

2.1%。由于我国目前收费公路新增项目中75%以上为高速公路项目，造价远高于到期及取消收费的一级公路、二级公路，导致收费公路累计建设投资总额和举借债务本金规模进一步扩大。

收支平衡方面，2021年度，全国收费公路车辆通行费总收入为6 630.5亿元（图1-2）。其中，高速公路6 232.0亿元，一级公路101.1亿元，二级公路26.8亿元，独立桥梁及隧道270.6亿元，占比分别为94.0%、1.5%、0.4%和4.1%。偿还债务本金7 164.8亿元，偿还债务利息3 426.8亿元，养护支出739.1亿元，公路及附属设施改扩建工程支出307.3亿元，运营管理支出838.8亿元，税费支出423.5亿元，占比分别为55.5%、26.5%、5.7%、2.4%、6.5%和3.4%。

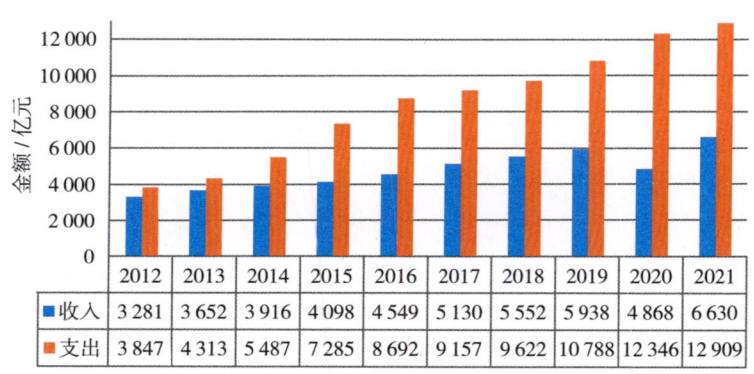

图1-2　2012—2021年收费公路收入与支出

资料来源：中华人民共和国交通运输部

2021年度，全国收费公路收支平衡结果为-6 278.8亿元，收支缺口巨大。2012年至2021年度收支缺口呈现明显增长趋势。收费标准研究在解决收费公路中长远期收支平衡问题上，显得尤为迫切。

1.2.2　新疆收费公路发展现状

根据新疆交通运输厅《2021年新疆维吾尔自治区收费公路统计公报》，2021年末，新疆收费公路里程10 956.4千米，占全国公路总里程21.73

万千米的5.0%。其中，高速公路5 645千米，一级公路969.8千米，二级公路4 341.6千米，占比分别为51.5%、8.9%和39.6%。新疆是暂不执行取消二级公路收费政策的地区。

2021年末，新疆收费公路累计建设投资总额2 055.5亿元。其中，财政性资本金投入821.8亿元，非财政性资本金投入80.9亿元，举借银行贷款本金1 106.4亿元，举借其他债务本金46.4亿元（图1-3）。2021年末，新疆收费公路债务余额985.4亿元。其中，年末银行贷款余额949.3亿元，年末收费公路专项债务余额36.1亿元，占比分别为96.3%和3.7%。收费公路专项债申报使用占比较少。

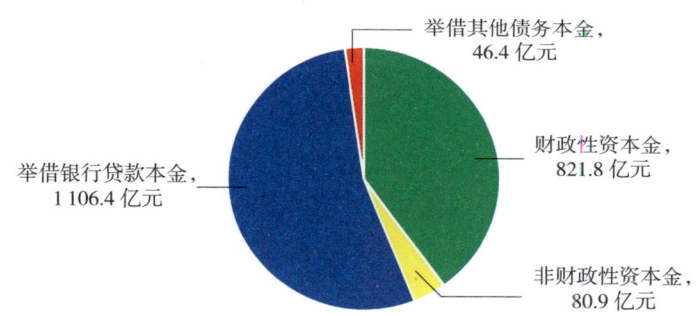

图1-3　2021年新疆收费公路资金来源结构

2021年度新疆收费公路通行费收入128.4亿元（剔除新冠肺炎疫情防控影响），支出总额89.4亿元。因政府收费路财政平衡调入一般公共预算支出2.28亿元，新疆交通投资（集团）有限责任公司使用经营性公路融资再安排金融工具，当年推迟还本43.3亿元，故2021年支出总额为134.9亿元。2021年通行费收支盈余39.1亿元（实际为收支缺口6.5亿元）。基于地广人稀、通行量水平总体不足的特点，新疆的收费公路收支平衡情况不乐观。

2021年度支出总额中，还本付息支出47亿元（偿还债务本金支出6亿元，偿还债务利息支出41亿元），养护支出22.8亿元，公路及附属设施改扩建工程支出0.5亿元，运营管理支出16.3亿元，税费支出2.8亿元，占比分别为52.6%、25.5%、0.6%、18.2%和3.1%（图1-4）。

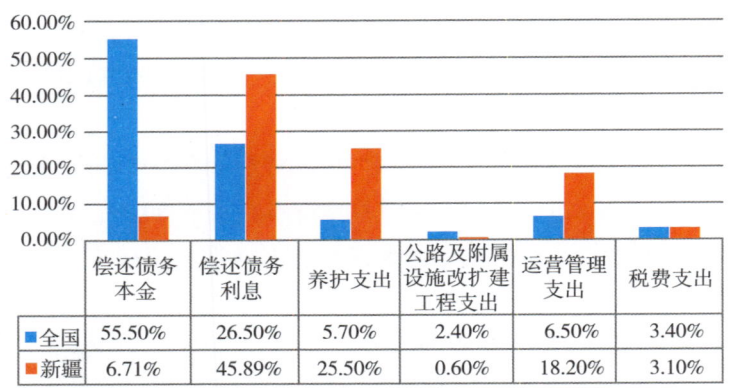

图 1-4　新疆与全国收费公路支出占比情况对比

1.3　收费公路投融资

1.3.1　我国公路投融资发展史

1953 年到改革开放初期，我国公路等基础设施投融资体制是以计划经济为特征的传统投融资体制，投资主体比较单一。国有经济占据主导地位，而基础设施的巨量投入及规模效益相对滞后，中央财政主体投入是唯一选择。中央财政主导的是国防战备方向，地方财政优先实施重工业发展战略，因此一般公路的投资建设只能位居二线。

改革开放之后，中国经济发展活跃，公路基础设施的建设开始提上议事日程。"贷款修路、收费还贷"的政策诞生于改革开放初期的特殊历史背景。

1981 年，广东省的国道 107 广深线东莞中堂大桥设立了全国首个路桥收费站，开创"以桥养路、以路养路"的先河。1984 年 12 月，国务院第 54 次常务会议作出"贷款修路、收费还贷"的重大决定，打破了公路建设单纯依靠财政投资的体制束缚，"国家投资、地方筹资、社会融资、利用外资"多元化投融资机制形成。1988 年 1 月，《贷款修建高等级公路和大型公路桥梁、隧道收取车辆通行费规定》发布，公路收费政策制度正式建立。1997年出台的《中华人民共和国公路法》从法律层面认可了"贷款修路、收费还贷"政策。2004年国务院颁布《收费公路管理条例》。这是我国第一部规范收费公路管理的行政法规，对收费公路建设、收费站的设置、经营权转让、经营管理等都作出了细致、明确的规定。2006年发布的《关于进一步规范收费公路管理工作的通知》，严格规范了政府还贷公路收费权益的转让。2008年出台的《国务院关于实施成品油价格和税费改革的通知》（国发〔2008〕37号），提出取消公路养路费等六项收费、逐步有序取消政府还贷二级公路收费，提高成品油消费税单位税额等。至此，我国基本建立了成熟和完善的收费公路制度。

1.3.2 收费公路投融资模式

在现行《中华人民共和国预算法》和《国务院关于加强地方政府性债务管理的意见》（国发〔2014〕43号）等一系列新时期法律法规和政策文件的要求下，"政府债务只能通过政府及其部门举借，不得通过企事业单位等举借"。通过交通运输部门及下属事业单位向金融机构贷款这一传统途径已不再可行。政府部门举债的方式受到财政预算管理的严格限定，除了地方财政、中央财政的投入外，只能通过发行政府债券的方式筹集项目资金。政府收费公路（政府还贷公路），其实质更接近"政府还债公路"，即地方政府通过政府一般债券和专项债券筹集资金投资建设的公路。

为顺应投融资体制改革，全国各省"交通投资集团"应运而生，"政府主导、地方投融资平台市场化运作、社会资本广泛参与"的经营性公路投融资格局逐步形成。收费公路投融资模式创新运用如雨后春笋般涌现。

1）政府直接投资（政府收费公路）

政府直接投资是公路项目最传统的方式，通常由行业主管部门下设单位作为项目法人，通过地方财政拨款、中央财政补贴、发行专项债等方式取得项目实施所必要的建设资金。

（1）政府直接投资存在的问题。政府对项目的投资建设等过程能够高度控制。但其融资端的弊病比较明显：①公路项目投资大、回收周期长，地方财政的前期投入负担过重。②不具有收费可行性或车流量小、通行费收入低的公路则完全依赖地方财政对各项支出缺口"买单"。

随着建设项目法人制与固定资产项目资本金制度的实行，以及现行《中华人民共和国预算法》对政府举债行为的严格控制，传统的政府直接投资模式也发生了一定程度的变化。项目资本金仍然通过地方财政与中央专项补贴（如车购税）解决，但债务性资金的获取方式从过去直接面向金融机构或市场转变为地方政府债券。

第一，专项债券受国家的限额管理，每年发债总量有限，因此地方投资需求和地方发债额度之间容易发生错配。

第二，所有行业都通过地方政府债券融资，总量有限的情况下，公路的融资需求可能无法充分满足。

第三，在财政预算管理制度下，政府直接投资模式缺乏灵活的融资工具作为补充。例如，项目出现短期资金缺口时，无法通过市场化的方式补充流动资金缺口。

（2）新疆公路交通存在的问题。除了上述的共性问题，新疆受到地方财力限制比较明显。根据新疆维吾尔自治区财政厅数据，2022年新疆一般公共预算收入1 889.2亿元，一般公共预算支出5 726.1亿元，其中122.27亿元用于公路建设，占比2.14%；25.55亿元用于养护运维，占比0.45%。近年来，新疆公路交通固定资产投资保持在750亿元/年左右，而2019—2022年累计发行收费公路专项债85.1亿元，建设资金投入明显不足。在交通强国建设背景下，依赖新疆政府直接投资模式相对困难，公路投融资需要向市场化方向发展，以满足日益增长和多变的投融资需求。

2）委托地方交投实施（政府收费公路）

地方政府委托地方交投以项目资产管理者的身份进行项目建设、经营和管理，并给予财政资金、中央车购税补贴、专项债等资金预算安排。

（1）与政府直接投资的区别。与政府直接投资相比，最大的区别在于项目法人不再是政府部门或事业单位，而是国有资产管理者，即企业身份的交投平台。

以河南省为例，河南省交通运输发展集团有限公司的前身为河南省收费还贷高速公路管理有限公司（简称"管理公司"），管理公司针对省内的政府收费公路专门成立，代表省政府对重大交通基础设施项目和交通运输产业投资建设或进行控股、参股投资，代表省政府持有和经营管理省内政府还贷性交通基础设施资产和收费权，对相关交通基础设施沿线、区域的有关资源和资产进行开发和经营。管理公司作为项目法人出资成立项目公司，通过项目公司委托招标代理机构进行项目勘察、设计、施工、监理，以及设备、重要材料采购招标等。项目建设完毕后，由管理公司负责运营。政府通过财政预算管理、地方政府债券发行等渠道获取资金，支持管理公司对项目的投资、运营、养护和管理等。

（2）委托地方交投实施（政府收费公路）的优势。一是推动政府职能转变。将地方政府从事无巨细的沉重压力中解放出来。由地方交投企业统一管理和实施公路项目是"放管服"背景下，地方政府从全能型、经济建设型、统治型向精简型、公共服务型、监管型转变的缩影。

二是公共成本分摊与节约。传统的政府直接投资项目，存在多个政府部门和事业单位各自负责不同项目的情况，分头管理之下效率不高。地方交投企业作为市场化运行的主体，在资源统筹、项目实施和管理效率上有天然的市场化优势，在"以建代养"向"建养并重"转变的过程中带来公共成本的节约和管理效益的提升。

三是高效的筹融资手段。地方交投企业直接面向市场、对接金融机构，获得资金支持的方式和效率都优于政府直接投资，能够为项目落地实施提供更好的资金保障。

（3）委托地方交投实施（政府收费公路）在新疆的应用情况。截至目前，新疆尚未实施该模式，企业对政府收费公路的投融资功能暂未发挥。新疆交通建设管理局是交通运输厅管理的事业单位，主要承担了政府收费公路建设管理职责。

3）授权地方交投经营（特许经营性公路）

特许经营模式属于一种广义上的PPP（public-private-partnership），在

我国基础设施项目中的运用和推广都要早于PPP。传统特许经营下，投资者或经营者经政府公共部门选择而获得排他性或垄断性的权利，在一定期限和范围内开发利用某种自然资源、从事某种特定行业、提供某项公共服务或经营某项公用事业产品。

授权地方交投企业特许经营是由省级人民政府或其授权的行业主管部门，如省交通运输厅，授权地方交投在一定的区域和期限内，建设规定等级的公路及其附属设施，并以收取车辆通行费、经营其他附属设施（如沿途广告牌、休息区和加油站等）的方式收回投资并获取合理回报。地方交投在经营期限内负责对公路日常养护、大中修，在授权经营期限终了时，将处于良好技术状态的公路交还给指定机构。

（1）授权地方交投经营（特许经营性公路）的优点。一是减轻地方政府债务。相比外来投资者，地方交投对当地社会环境、行业发展、未来规划、地理区位等信息了解更深，可以提出减轻对地方财政压力的优化建议。

二是与前述委托经营政府收费公路一样，地方交投可以统筹区域内项目，避免重复竞争和投资浪费。

三是地方交投平台作为区域内的统筹管理者，无须在单个项目上追求高回报、高收益，一定程度上可以接受现阶段经济效益较为一般的项目。这一点对于地方发展来说意义重大。

（2）授权地方交投经营（特许经营性公路）的缺点。富裕地区、收益情况好的项目竞争十分激烈，而经济发展相对落后、收益相对较差的项目通常吸引力不足，无人问津。从长期视角来看，相对落后地区的基础设施项目反而是最需要政府和企业加大投入的。

（3）传统特许经营模式、授权地方交投经营（特许经营性公路）在新疆的发展状况。新疆交投在发展之初通过划转的方式获得了25条存量公路的特许经营权。这是新疆交投迈出特许经营模式的第一步。后续先后承接了S20五工台—克拉玛依一级改扩建、S21阿勒泰—乌鲁木齐等项目的授权特许经营，通过企业多元化筹融资高效完成了项目建设任务，目前项目已进入运营期。从其他省份的发展经验来看，有经验、有能力、有担当的地方交投平台无疑是项目投融资的主要力量。

4）政府和社会资本合作模式（PPP）

PPP译作"政府和社会资本合作"。广义上的PPP概念非常宽泛，可以代指公共部门（政府）为提供公共产品或服务（如污水处理、高速公路）而与私人部门建立的各种合作关系；狭义上主要是指为基础设施项目建设、运营而提供市场、机制和融资的一种创新方式。

（1）政策支持。2014年11月，国务院印发了《关于创新重点领域投融资机制鼓励社会投资的指导意见》（国发〔2014〕60号），让社会资本全面了解PPP的参与方式、运营方式、盈利模式等相关政策，调动了社会资本参与基础设施建设的积极性。

2015年3月，交通运输部印发了《交通基础设施与社会资本合作等模式试点方案》，对高速公路项目中政府与社会资本的政策与支持、运作与实施、投融资与建设、经营与监管等作了明确指引。公路本身具有平稳和持续的现金流收入，政策的支持奠定了收费公路行业PPP项目发展的坚实基础。

2023年11月，国务院办公厅印发了《关于规范实施政府和社会资本合作新机制的指导意见》（国办〔2023〕115号）（以下简称"新机制"），不因采取政府和社会资本合作增加地方财政未来支出责任。政府付费只能按规定补贴运营、不能补贴建设成本。除此之外，不得通过可行性缺口补助、承诺保底收益率、可用性付费等任何方式，使用财政资金弥补项目建设和运营成本。未来发展过程中，只有经过取舍、甄别、研判的项目，才能适合采用政府和社会资本合作模式。

（2）政府和社会资本合作模式的优势。一是缓解政府投资压力，优化收费公路建设资金来源结构，实现交通运输部门融资风险的部分转移。

二是创新服务和激励约束机制，提高服务质量和服务效率。政府方与社会资本投资者之间优势互补，在依靠政府资源和政策优惠措施的同时，整合了社会资本拥有的技能和专业管理知识及经验，政府与社会资本形成利益战略同盟，对协调不同利益方起到其他传统融资方式所不具有的关键作用。

三是促进融资渠道多样化，既为公路行业发展提供融资渠道，又为社会资本提供投资渠道，是一种双赢或多赢的投融资模式。

（3）政府和社会资本合作模式在新疆的应用。根据财政部PPP项目信息平台库，截至2023年2月，新疆已经进入管理库信息公开的交通运输项目有56个，超过西部省份的平均水平43.3个；已经落地进入执行阶段的有42个。

在财政薄弱地区，车购税是公路投融资重要的建设资金来源。新疆重大收费公路项目主要依靠PPP模式、政府收费公路模式积极争取交通运输部的车购税资金补助。政府收费公路受制于地方财政、专项债申报额度等因素，筹资规模受限。PPP模式既是申请车购税资金的核心渠道，又是发挥新疆交投投融资平台功能的重要方式。例如G218那拉提—巴伦台公路PPP项目，社会资本出资49亿元（含新疆交投），申请车购税资金96亿元，通过新设立的SPV项目公司申请银行贷款96亿元，提高了项目对社会资本的吸引力，解决了重点公路项目筹融资难题。

5）投融资模式比较

上述投融资模式的比较见表1-1。

表1-1 收费公路项目投融资模式比较

模式类型	实施办法	项目取得方式	优势	局限
政府直接投资（政府收费公路）	以政府部门、事业单位为主体，直接举债、投资、管理和运营	政府内部报批	对项目全过程的掌控度较高	只能通过财政预算内的方式筹措资金，包括地方财政投入、中央补贴、地方政府债券等，存在地方财力、发债限额、行业竞争等多个制约
委托地方交投实施（政府收费公路）	以地方交投平台为项目主体，负责政府收费公路的投融资、运营和管理，项目实行收支两条线	政府委托	极大发挥政府和企业筹资功能，运作方便	需明确企业债务责任和还款来源等问题；企业不能以项目营利为目的

（续表）

模式类型	实施办法	项目取得方式	优势	局限
授权地方交投经营（特许经营性公路）	由政府或其指定机构授予项目经营权，由地方平台统筹负责项目的实施，项目收入自收自支	政府授权	政府与企业的职能得以明确区分，各司其职，筹资渠道多，高效合作	项目的收益情况决定了项目吸引力和可操作性。收益较差的项目需建立补充平衡机制；经营权授予的过程需要注意合规性
政府和社会资本合作模式	政府授权项目实施机构，通过竞争方式依法选定特许经营者，并签订特许经营协议	市场竞争	缓解政府投资建设公路的资金压力，实现交通运输部门风险部分转移，提高服务效率	新机制实施后，在没有收益补足机制的情况下，项目较难吸引社会资本

1.3.3 筹融资资金来源

1）地方政府专项债券

根据《地方政府专项债券发行管理暂行办法》（财库〔2015〕83号），专项债券是省、自治区、直辖市政府为有一定收益的公益性项目发行的、约定一定期限内以公益性项目对应的政府性基金或专项收入还本付息的政府债券。

单只专项债券应当以单项政府性基金或专项收入为偿债来源。单只专项债券可以对应单一项目发行，也可以对应多个项目集合发行。现阶段专项债券主要用于交通基础设施、能源、农林水利、生态环境、社会事业、城市冷链物流基础设施、市政和产业园区基础建设、新型基础设施、国家重大战略、保障性安居工程、特殊重大项目等领域。由于专项债券需要一对一或一对多地匹配具体项目，对项目收益有一定要求，因此专项债券的发行呈现出发行额偏小（单次30亿元以下居多）、东部地区发行规模大于中西部地区的特点，现阶段主要投向收益好、项目重要程度高的基础设施项目。

债券期限方面,《关于进一步做好地方政府债券发行工作的意见》(财库〔2020〕36号)提出:"地方债期限为1年、2年、3年、5年、7年、10年、15年、20年、30年。允许地方结合实际情况,采取到期还本、提前还本、分年还本等不同还本方式。"中共中央办公厅、国务院办公厅印发的《关于做好地方政府专项债券发行及项目配套融资工作的通知》提出:"逐步提高长期债券发行占比,对于铁路、城际交通、收费公路、水利工程等建设和运营期限较长的重大项目,鼓励发行10年期以上的长期专项债券,更好匹配项目资金需求和期限。"目前15年、20年、30年超长期限债券也日渐增多。

根据中国地方政府债券信息公开平台数据统计,自2019年至2023年5月,全国收费公路专项债发行规模合计6627.36亿元。其中,新疆收费公路专项债发行规模合计85.1亿元,占比1.28%,大多投入普通国省道收费公路建设中,对高速公路项目投入较少。

2)车辆购置税

《车辆购置税交通专项资金管理暂行办法》(财建〔2000〕994号)规定:"交通专项资金扣除经财政部批准用于费用性开支的部分后,作为中央政府对各省市交通项目的国家资本金投入。"

注:在原先的政策框架中,中央车购税补贴主要投向政府收费公路项目。2019年财政部、交通运输部联合下发的《关于印发〈车辆购置税收入补助地方资金管理暂行办法〉的补充通知》(财建〔2019〕272号),对车辆购置税资金补助范围和标准进行调整,明确了PPP项目可以通过资本金注入和投资补助等方式安排车辆购置税资金,但补助标准不得超过政府收费公路。值得注意的是,对于政府收费性质的改扩建项目,在符合条件的情况,也可以申请到相应的车购税补贴。

随着新能源车购置税减免政策实施,车辆购置税资金急剧减少,能用于支撑公路投资建设的财政资金来源明显不足。车辆购置税资金补助目前在向西部地区倾斜,新疆近年来申请到的车购税资金相对比较稳定。据悉,

车辆购置税预计将会调整为按照一般预算管理,"十五五"期之后,西部地区的公路建设资金紧张局面会有加剧态势。

3) 银行贷款

银行贷款是目前我国公路项目融资的重要途径。据不完全统计,我国目前等级公路的融资额中超过一半来自银行贷款。无论是政府收费公路还是特许经营、PPP 模式,项目贷款的本质是未来收益权(即通行费收入)的质押,一个项目的银行贷款只能专门用于本项目,且不得重复借贷。

银行贷款机制较政府一般债券和专项债券更为灵活。银行贷款期限长,还款期限不固定,一般与项目运营(收费)周期直接相关。新疆部分收费公路银行贷款批复的最长期限为 $35+X$ 年,按需可进行年度还款计划调整;借贷成本与项目本身收益、项目法人信用状况、有无外部增信措施等相关,通常来说高于政府债券的票面利率。

4) 专项债券 + 市场化融资模式

根据中共中央办公厅、国务院办公厅印发的《关于做好地方政府专项债券发行及项目配套融资工作的通知》,"允许将专项债券作为符合条件的重大项目资本金。对于专项债券支持、符合中央重大决策部署、具有较大示范带动效应的重大项目,主要是国家重点支持的铁路、国家高速公路和支持推进国家重大战略的地方高速公路、供电、供气项目,在评估项目收益偿还专项债券本息后专项收入具备融资条件的,允许将部分专项债券作为一定比例的项目资本金,但不得超越项目收益实际水平过度融资",以及"对有一定收益且收益全部属于政府性基金收入的重大项目,由地方政府发行专项债券融资;收益兼有政府性基金收入和其他经营性专项收入(包括交通票款收入等),且偿还专项债券本息后仍有剩余专项收入的重大项目,可以由有关企业法人项目单位根据剩余专项收入情况向金融机构市场化融资"。上述规定为重大项目将专项债券作为资本金,同时进行市场化融资提供了政策依据。

组合使用专项债券和市场化融资的项目,项目收入实行分账管理。项目对应的政府性基金收入和用于偿还专项债券的专项收入及时足额缴入国库，纳入政府性基金预算管理，确保专项债券还本付息资金安全。项目单位依法对市场化融资承担全部偿还责任，保障市场化融资到期偿付。

根据《地方政府收费公路专项债券管理办法（试行）》（财预〔2017〕97号），"本办法所称的政府收费公路，是指根据相关法律法规，采取政府收取车辆通行费等方式偿还债务而建设的收费公路"，政府收费公路可以使用"专项债+市场化融资"的模式，而经营性公路申请收费公路专项债一直不被交通运输部认可。各省对收费公路专项债券的申报使用主要依赖当地政府的支持力度和各地与之配套的专项债配套融资实施细则出台。但收费公路对专项债券资金的迫切需求是公路投资建设行业的普遍共识。

5）企业债券融资

目前，交投类企业的债券发行渠道包括交易商协会债务融资工具、发改委企业债及证监会公司债。其中交易商协会债务融资工具由于发行条件相对宽松，目前存量规模及发行量均最高。新发可转换债券资金主要用于存量贷款置换、解决企业日常经营等。

6）ABS、REITs等其他金融工具

我国的基础设施建设在传统投融资模式下，存在投资效益不佳、融资渠道狭窄、资本退出困难等问题，以ABS、REITs为代表的金融工具，通过盘活资产，提升资源配置效率。

除此以外，政府预算安排出资、政府通过产业引导基金安排出资等，也是收费公路项目重要的资金来源方式。

1.4　收费公路发展历程

1.4.1　探索发展阶段（1988年至2003年底）

1984年国务院出台的"贷款修路、收费还贷"政策为我国高速公路的发展创造了有利条件。在国家投资有限的情况下，部分地区相继利用贷款、集资、外资等多渠道筹集资金建设公路，收取合理的通行费用以偿还贷款，对加快公路建设起到了积极作用。但各地自行确定的收费条件和收费标准不尽相同。为进一步调动社会修桥筑路的积极性，1988年1月5日，《贷款修建高等级公路和大型公路桥梁、隧道收取车辆通行费规定》（交公路字28号），对收费条件和收费标准进行了统一，并对通行费收支使用进行了规范。这是我国出台的第一个关于收费公路的规范性文件，主要针对收费还贷公路。

1.4.2　全面发展与规范治理阶段（2004年至2007年）

2004年11月1日《收费公路管理条例》正式实施。这不仅标志着我国开始通过法律手段对收费公路加强全面管理，而且也是切实维护收费公路经营者合法权益，为引导更多社会资本进入公路基础设施创造良好法制环境。该条例首次对政府还贷公路和经营性公路进行了定义，并对收费公路的建设、收费年限、收费标准等进行了详细规定，同时对政府收费公路的收支进行了严格规范，除必要的管理、养护费用从财政部门批准的车辆通行费预算中列支外，必须全部用于偿还贷款和有偿集资款，不得挪作他用。

高速公路的快速发展过程中也出现了收费标准政策体系制定不够科学和配套等问题，尤其是各地对多轴大型车辆的收费普遍偏高，一定程度上导致车辆"大吨小标"和超限超载运输日益严重，影响了道路运输的竞争力，使道路运输的效益难以得到充分发挥。为此，2004年4月30日，《关于在全国开展车辆超限超载治理工作的实施方案》印发之后，作为配套政策2004年11月11日《关于降低车辆通行费收费标准的意见的通知》（交公路发〔2004〕622号）印发，文件要求规范公路收费行为，调整车辆通行费收费标准，不仅要让合法道路运输企业和运输者真正得到实惠，还必须充分考虑各地收费公路还贷的压力，兼顾广大经营性收费公路企业的利益；要把降低通行费收费标准与统一车辆通行费车型分类标准、合理设置不同车型之间的收费系数以及各地的实际情况结合起来，统筹考虑。2005年10月26日《关于收费公路试行计重收费指导意见的通知》(交公路发〔2005〕492号)，将多年来以车辆核定装载质量为依据、按照车型分类的方式收取车辆通行费的模式进行了修正，按照"多用路者多交钱、少用路者少交钱"的原则实行计重收费。

1.4.3 被动发展阶段(2008年至2010年)

1996年原交通部出台的《公路经营权有偿转让管理办法》(第9号令)，是最早针对公路经营权有偿转让制定的规范性文件，为高速公路市场化融资奠定了基础。1998年1月1日实施的《中华人民共和国公路法》首次对公路收费权的转让以法律形式予以确立。2004年国务院颁发了《收费公路管理条例》(国务院令第417号)，对公路收费权益的转让管理作出原则性的规定。2008年随着美国次贷危机导致的全球金融危机爆发，国家提出4万亿元刺激计划，高速公路建设又迎来新的历史机遇。2008年8月20日，《收费公路权益转让办法》(交通运输部、发改委、财政部令2008年第11号)对收费公路权益转让具体办法进行了明确，并不得以转让公路收费权为由提高车辆通行费标准。为进一步稳定消费价格水平，促进农业稳定发展、农民持续增收，2009年12月22日印发《关于进一步完善和落实鲜活农产品运输绿色通道政策的通知》(交公路发〔2009〕784号)，要求国家"五纵二横"鲜活农产品运输"绿色通道"免收整车合法装载运输鲜活农产品车辆的车辆通行费；要对"绿色通道"政策调整对收费公路带来的影响进行认真研究和评估，对于影响较大的经营性收费公路企业视情给予补偿。为降低流通成本，2010年11月26日又印发《关于进一步完善鲜活农产品运输绿色通道政策的紧急通知》(交公路发〔2010〕715号)，要求从2010年12月1日起，全国所有收费公路(含收费的独立桥梁、隧道)全部纳入鲜活农产品运输"绿色通道"网络范围。

1.4.4 再次治理阶段(2011年至2015年)

2011年6月10日印发《关于开展收费公路专项清理工作的通知》(交

公路发〔2011〕283号），要求全面清理公路超期收费、通行费收费标准偏高等违规及不合理收费，坚决撤销收费期满的收费项目，取消间距不符合规定的收费站（点），纠正各种违规收费行为，按照经营性公路收回投资并有合理回报、政府还贷公路按期还贷并满足养护管理资金需求的原则降低通行费收费标准，完善公路计重收费办法，确保合法装载车辆通行费负担有所减轻。清理工作开展约一年时间后，由于一些地方对将政府还贷公路违规转让或采取行政措施转成经营性公路进行建设和管理的问题未提出整改意见，个别地方还以搭建公路建设融资平台为由，继续进行违规转让或变更收费权属。2012年4月12日，五部委联合印发《关于禁止将政府还贷公路违规转让或划转成经营性公路的通知》（交公路发〔2012〕149号），要求禁止以体制调整、资产重组、有利融资等名义，将政府还贷公路（包括在建或已批复可研但尚未开工建设的政府还贷公路）转为经营性公路，随意变更政府还贷公路属性；对所有经营性公路进行全面排查，涉及违规转让或变更政府还贷公路收费权属的，要按照收费公路专项清理工作及通知的相关要求，抓紧实施整改。为调整和完善收费公路政策，同时也在社会舆论对收费公路议论较大的情况下，2012年7月24日，国务院批转了《五部委重大节假日免收小型客车通行费实施方案的通知》（国发〔2012〕37号），要求对行驶收费公路的7座以下（含7座）载客车辆在春节、清明节、劳动节、国庆节等国家法定节假日，以及当年国务院办公厅文件确定的上述法定节假日连休日免收通行费。

1.4.5　高质量化和精细化发展阶段（2016年至今）

从1988年开始，我国高速公路经历了从无到有、从探索到规范、从被动发展到高质量化发展的历程。2012年我国高速公路里程已经超越美国成为世界第一，国家高速公路网主线基本建成，覆盖约99%的城镇人口20万以上城市及地级行政中心。

从2016年开始，公路乃至整个基建领域开始推行政府和社会资本合作模式，颁布了一系列有关鼓励公路行业发展的政策文件，表明公路投融资进入了新的阶段。2019年9月，中共中央、国务院印发了《交通强国建设纲要》，为建设交通强国提供了顶层设计和系统谋划，掀开了新时代交通运输工作的新篇章。新疆被列为首批13个交通强国建设试点地区之一，公路投资建设进入高质量发展新阶段。

2021年2月，中共中央、国务院印发了《国家综合立体交通网规划纲要》，作出了构建现代化高质量国家综合立体交通网的重大战略部署，为新阶段国家公路发展指明了方向，国家高速公路网和普通国道网合计46万千米左右。与《国家公路网规划（2013年—2030年）》相比，国家公路网布局总体框架没有变化，国家高速公路网增加约2.4万千米，普通国道网增加约3.5万千米。

2023年11月，国务院办公厅转发国家发展改革委、财政部《关于规范实施政府和社会资本合作新机制的指导意见》，对规范实施政府和社会资本合作新机制提出指导意见，政府和社会资本合作模式与公路项目投融资进入精细化发展新阶段。

1.4.6　成品油价格税费改革对高速公路收费政策的影响

为建立规范的交通税费制度，体现公平负担原则，依法筹措交通基础设施维护和建设资金，2008年12月18日国务院下发了《关于实施成品油价格和税费改革的通知》（国发〔2008〕37号），要求取消公路养路费等收费和逐步有序取消政府还贷二级公路收费。2009年2月17日，国务院办公厅下发了《关于转发发展改革委、交通运输部、财政部逐步有序取消政府还贷二级公路收费实施方案的通知》（国办发〔2009〕10号），西部地区的省（区、市）如决定取消政府还贷二级公路收费，从决定取消之日起，同步停止审批新的二级收费公路项目。另外，要求严格控制一级收费公路规模。

成品油价格和税费改革以及逐步有序取消政府还贷二级公路收费以后，普通公路的建设、养护管理面临新的发展环境。2011年4月24日，国务院办公厅转发《发展改革委财政部交通运输部关于进一步完善投融政策促进普通公路持续健康发展若干意见的通知》，要求加大对普通公路[①]发展的支持力度，建立以公共财政为基础、各级政府责任清晰、财力和事权相匹配的投融资长效机制。同时加强对各类交通融资平台公司的监管，严禁违规提供担保或进行变相担保。

关于成品油价格税费改革系列政策的实施，标志着同为收费公路重要形式的普通公路和高速公路发展政策开始形成。国家开始建设"两个路网体系"，普通公路回归公共财政免费供给政策框架，意味着更多的财政资金将倾向于普通公路，发展高速公路主要依靠收费供给即市场的形式解决。新疆为少数未取消政府还贷二级公路的省份之一，公共财政供给不足的情况下，两个路网体系打造还不太明显，区内收费公路资金缺口希望能依赖收费公路模式及市场化投资来补充解决。

1.5 收费公路定价影响因素

2004年，《收费公路管理条例》第十六条规定"我国高速公路收费标准的确定主要根据投资中的贷款、有偿集资款总额、融资成本、偿还债务的期限、当地物价指数、收费年限以及交通流量等因素计算确定"。

2017年，为加快推进新疆收费公路投资建设，新疆人民政府发布《关于完善收费公路价格政策促进自治区交通基础设施建设有关事宜的通知》（新政办发〔2017〕131号），对新建收费公路实行"一路一价"的价格政策：对2017年以后新建的政府投资、社会资本参与建设的高速、一级公路，不分区域，统筹考虑未来公路投资建设成本及规模等因素实行"一路一价"的收费公路定价方式，确定公路车辆通行费标准；尚未建成运营的高速、一级收费公路项目，通车前由交通厅会同发改委和财政厅根据公路项目投资总额、技术等级、运营成本、财务支出、项目风险、回收率、回收期限、

[①] 普通公路是指除高速公路以外的、为公众出行提供基础性普遍服务的非收费公路，由普通国省干线公路和农村公路组成。

交通量等因素，运用财政补贴、特许经营等政策措施，综合考虑公路项目运营内的实际收益，合理确定车辆通行费收费标准。

2019年，交通运输部《收费公路管理条例（修订送审稿）》第十五条规定："车辆通行费的收费标准，应当根据下列因素确定：（一）政府收费公路的收费标准，应当根据债务规模、利率水平、养护运营管理成本、当地物价水平、偿债期限以及交通流量等因素综合计算确定；（二）经营性公路的收费标准，应当根据社会资本投资规模、合理回报、养护运营管理成本、当地物价水平、经营期限以及交通流量等因素合理计算确定。"

影响政府收费公路与经营性收费公路收费费率的各个因素基本相同，总体可分为直接性影响因素和间接性影响因素。

1.5.1 直接因素

1）运营成本

成本控制是成本管理过程中的核心环节，是保证成本管理工作质量的重要步骤，是收费公路定价过程中需要考虑的关键因素之一，需引起收费公路投资方的高度重视。控制各项成本费用的不合理支出，保持合理盈利水平，是收费公路投资者的工作重心。同时，高速公路的成本又通过收费价格影响着道路使用者。优化收费公路成本不仅能够提升投资者的收益，还能够通过收费标准影响道路出行者的选择。收费公路运营管理成本主要由日常养护费用、大修费用、管理费用等构成，日常养护费用、大修费用与项目等级及项目所处地理环境密切相关，管理费用主要包括项目管理人员、收费站及养护工区等服务设施人员费用支出。

2）投资收益率

政府收费路的通行费收入以偿还债务为主，不以营利为目的。而经营性收费公路为了吸引社会资本的参与，项目的投资收益率是关键性因素，若项目投资收益率过低或不能覆盖成本，则很难吸引社会资本。过高的投资收益率会导致政府财政压力的加大和道路使用者通行费的提升，违背了收费公路准公共品的自然属性，不能发挥基础设施的作用。合理的投资收益率对于协调投资者、监管者和道路使用者的关系具有重要作用。

影响投资收益率的因素主要有基准折现率、通行费收入预期、投资额回收期限与获利期限的比率。这些指标的高低是投资者决定是否投资的主要参考依据。在收费定价的时候主要考虑投资回报率和基准折现率两个指标。基准折现率是投资者以动态观点所确定的可接受的投资方案最低标准的收益水平，是收益率的临界点。投资回报率是一种事后实际收益率，现实中指政府认可的企业合理回报率，这是定价的一个重要决定因素。

3）收费期限

收费期限是政府偿还贷款和投资者收回投资成本并获取收益的重要依据。收费期限过长会损害使用者的利益，违背了收费公路基础设施的公共属性；收费期限过短，投资者的投资回收期未结束，资金无法收回，会损害投资者的利益。

我国对政府收费公路和经营公路的收费期限做了明确规定。《收费公路管理条例》第十四条规定："政府还贷（收费）公路的收费年限，按照用收费偿还贷款、偿还有偿集资款的原则确定，最长不得超过15年。国家确定的中西部省、自治区、直辖市的政府还贷公路收费期限，最长不得超过20年。经营性公路的收费期限，按照收回投资并有合理回报的原则确定，最长不得超过25年。国家确定的中西部省、自治区、直辖市的经营性公路收费期限，最长不得超过30年。"根据《基础设施和公用事业特许经营管理办法（修订征求意见稿）》，"基础设施和公用事业特许经营期限应当根据行业特点、所提供公共产品或服务需求、项目生命周期、项目建设投资和运营成本、投资回收期等综合因素确定。除法律、行政法规另有规定外，最长一般不超过40年。""个别投资规模大、回报周期长的特许经营项目可以根据实际情况适当延长。"项目长期限收费机制将是收费定价和社会资本投资收益诉求的重要调节稳定器。

4）交通流量

在影响收入水平的其他因素一定的条件下，影响收费水平最直接的因素就是车流量。一定程度上，车流量与收费标准是一组负相关的关系，收费标准越低，车流量越高；反之，收费越高，车流量越低，通行者会寻找其他可通行的路线进行替换。如此，此公路的使用率就会大大降低。收费公路项目具有网络状的特殊性，公路实际交通量水平的变化将影响到相邻路网的交通量水平，也将影响到相邻公路的效益。过高的收费水平不利于区域整体公路网效益的发挥，这一点在制定公路收费标准时也是必须考虑的。在计算公路收费标准时，应采用预测量指标进行计算。在下一个周期进行收费价格调整时，应尽可能使用既有的实际车流量和未来的预测量进行调整。

5）建设投资规模

在制定收费标准时，不但要考虑公共设施的经济效益，也要考虑到经营企业的经济效益，投资规模越大，必然要求的收益就越高，进而通行费的收费标准也会越高。为了保护投资者的收益，建设投资规模是重要的定价影响指标。

1.5.2 间接因素

1）社会承受能力

社会承受能力代表着道路使用者对于通行费的实际支付能力，收费标准超过了社会承受能力，更多人会选择免费的国道、省道出行，会造成收费公路基础设施的资源浪费；收费标准太低会造成公路拥挤，影响通行效率。使用者的支付能力与当地的经济发展水平挂钩，根据国家统计局2022年度GDP与各省常住人口数据，2022年，我国内地人均GDP排名第一是北京，达到19.01万元，而排名最后的是甘肃，人均GDP只有4.50万元，两者相差近4.2倍。在人均GDP相对高的地区，经济发展水平和人均收入水平也高，公众对公路的需求程度、缴费承受能力也显著增强，可接受的收费标准也高。

2）公路性能与技术条件

与普通公路相比较，高等级公路的投资需求大、建设成本高，但同时高等级公路路况好、安全系数高、服务质量好、出行时间短,道路使用者可以考虑接受的收费标准也越高。

此外,与周围路网其他通行方式相比,如果海运、航空、铁路运输等方式能够给使用者带来更大的级差效益,那么交通量势必会转换,交通量下降从而导致收费标准的调整。因此,收费公路不仅要与周边普通公路的效益进行比较,而且要与周围其他出行方式进行效益间的比较。

3)政府政策取向

政治和社会因素往往会改变道路规划,地方政府之间的政策差异使收费公路建设面临很多不确定的因素。一旦道路规划变动、相关收费政策和法律法规变化,原本做出的投资可行性分析就会失效,定价也会变得不合理。若政府推行联网收费和不停车收费,就会改变投资成本和收费收入,从而影响收费标准的制定。但这些因素是不可预测的。

经笔者研究,建设投资规模、运营管理成本、收费期限、交通流量、社会承受力等因素对于收费标准的影响程度、因素自身的市场可调节性以及全周期可变性程度见表1-2。

投资规模、收费期限及交通流量对收费标准当期定价的影响最大,且投资规模、合理回报及运营管理成本具有较强的市场调节性,经营性公路

表1-2 影响经营性公路收费标准的关键因素

影响因素	影响程度	周期可变性	市场可调节性	行政约束性
投资规模	大	弱	强	弱
合理回报	中	弱	强	弱
经营成本	小	强	强	弱
物价水平	中	中	中	强
收费期限	大	强	强	强
交通流量	大	强	弱	弱
政府财力	中	中	中	强

收费标准受合理回报影响强于政府收费公路。进入收费运营期后，各类投资主体提供公共产品和服务的能力与效率不同，运营管理成本的可变性较大。收费公路建设运营全周期内，政府对每条路的政策、财力投入或有责任均通过事前约定，具有较强的行政约束性。上述均导致收费标准具备了周期性及动态可调节性。

1.6　收费公路定价测算模型

收费公路的定价模型是收费公路管理者或经营者根据影响收费公路的关键性因素，对收费公路的收费标准进行确定的方法。目前，国内各省份采用的大多是基于成本类的相关方法。国内主要的收费公路定价模型如下：

1）类比法

类比法是根据当地建成运营道路的收费标准，结合道路自身的影响因素，如投资规模、交通量、资金占比等进行对比分析，将相似道路的收费标准经过调整后形成自身的收费标准。该方法具有一定的可行性，但是受主观性影响因素较大，但也缺乏相应的政策支持，所以存在一定局限性。

2）收费负担测算法

该方法从道路使用者的角度出发，根据使用者的承受能力来测算收费标准。具体为计算通行费收费定价与当地人均收入的比值，进而测算合理的通行费收费标准。该方法只是从使用者的角度出发来制定收费公路的收费标准，没有考虑投资者、监管者的利益，对收费公路建设及运营过程中产生的建设成本、养护运营管理成本等关键性因素没有系统分析及考虑。

3）成本反算法

该模型以收费公路运营过程中产生的通行费收入大于总成本为基本原则，主要考虑投资额、收费运营期限、养护运营管理成本、收益率、分年份时间和各类车型的车流量预测等关键性因素。同时，收费标准低于级差效益的一定分享度收费标准，进而反算出收费标准。为了体现不同车型的车辆收费公平性，可预先通过计算不同车型在使用收费公路的情况下与其平行道路之间的级差效益的比，以及计算出不同类型车在使用公路时的占有和破坏程度比例，从而确定不同类型的车在其所得的效益上的分摊比例系数和在费用上的分摊比例系数，加权以得到较公平的不同类型车辆的费率系数比。但是加权系数的选取具有一定的测算准确难度，有一定的不公平性。

"成本配制法"能够有效解决上述问题，其核心思想是可一次性得到不同车型的收费标准。具体方法为：先将收费公路的各项成本进行筛选，分为与车辆类型有关的成本和无关的成本两个部分，将各项成本分别具体配置于各个车型，再将分配到各车型的有关成本与共同成本相加，换算成单位车·千米成本，将单位车·千米成本作为各个车型的收费标准。

该模型也存在一些不足，没有关注收费标准与预测的车流量之间的关系，因此在竞争性的路网中，交通量的预测误差较大，进而导致收费标准的不合理。

4）联网收费道路统一费率测算模型

该模型主要是对影响联网收费的关键性因素进行分析，然后使用成本反算法，探讨联网收费如何统一收费标准的问题。政府收费公路和经营性公路两者之间的收费标准、经营期限、运营模式等有一定区别，但经营性公路是在政府收费公路定价理念基础上的延伸演变，对于联网后如何进行统一标准或如何进行区别，必须要明确。目前在联网收费道路费率标准的计算方法上有一些初步的探讨，主要有分配法、有效剩余分配法、级差效益分配法和综合分配法等。

5）系统动力学法

以上的收费公路定价模型都是静态的或存在相对的局限性，实际需求是比较动态化、复杂化的市场性行为。首先道路上要有交通量才会产生通行费收入，而交通量受到当地经济水平和消费者个人主观心理等影响，同时还会受到其他道路或者其他出行方式的影响。这些因素相互影响、相互制约，处于动态变化中。因此，通过系统动力学的观点，动态性地研究人、车、路之间的变化，确定合理的收费标准，同时持续收集实践信息，不断进行反馈修正。系统动力学的收费定价模型从理论上来说，可以通过反馈机制进行动态化调整，但该模型的建立需要庞大的预测模型，同时涉及的相关问题难度较大，数据需求量较大，在实践中应用很少。

1.7 现行收费公路定价策略

1.7.1 公路收费供给的困境

收费公路的技术经济特征主要有准公共产品属性、自然垄断性、正外部性、级差效益性及商品属性。基于公共产品供给理论及实践的发展，世界上很多国家开始运用市场化思路解决公共产品或准公共产品的供给问题，发挥市场对资源配置的决定性作用，尊重市场主体的独立性、平等性，自主作出经济决策的权力及独立地承担决策所带来的风险。政府主要通过非行政性的手段对经济活动进行间接宏观调控。

目前新疆收费公路实际上已经采用了市场化供给方式，利用收费供给制度发展高等级公路，即经营性投资者通过投融资完成项目建设，进入运营期开展运营服务，并在规定的收费期限和收费标准下，通过收取车辆通行费实现项目自身的运营管理、偿还融资贷款，甚至获得合理回报等。市场化运作过程中，政府对每条路的政策、财力投入，或有责任均通过事前约定。收费供给制度实施的关键在于收费标准，其高低不仅影响着使用者，还会影响项目贷款的偿还、投资的收回及合理报酬的实现，实现利益在不同主体之间的重新分配；其次会影响下游产品的价格，从而引发价格体系发生巨大变化。此外，还影响着资源的有效利用，收费标准过高则会造成资源浪费；标准太低则会导致经营性公路的过度使用，增加养护成本。收费标准的合理性直接决定着经营性公路项目的经济效益和社会效益，更影响着公众对收费制度的认可和接受程度。

公共产品的供给问题一定程度上体现了政府职能与市场机制合理界定的问题,但一直以来,不论是理论还是实践,都没有形成一个普遍认可的政府管理和市场调节有机结合机制。在全国收费理论研究不够深入的情况下,新疆也存在片面理解公路收费问题,忽略经营性公路的公共产品属性,在高等级公路供给中政策引导调节机制不清晰、不明确,对收费标准的调节力有限,过于注重通过"一路一价"政策提供价格调整,并且具体方法不清晰。出现这些困境的根源在于经营性公路收费供给制度下政府与市场的边界界定不清,仍需在收费标准宏观层面厘清政府与市场的边界,以及市场化运作过程中政府与企业的关系(图1-5)。

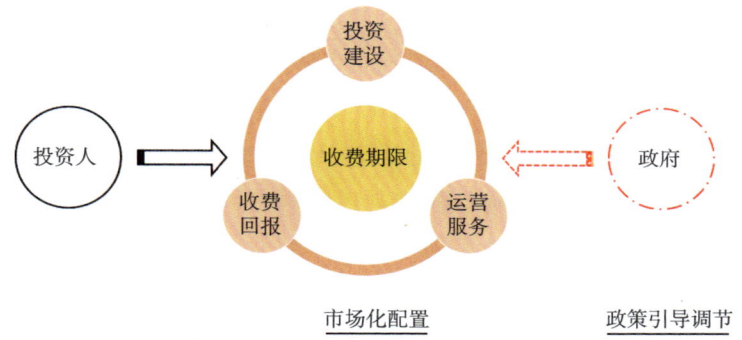

图1-5 收费供给制度下政府与市场的边界

按照经济学原理及我国实际,经营性公路属于准公共产品,与国家经济发展和人民生活密切相关,需要大量资金进行投资,同时经营具有自然垄断型特征。经营性公路收费供给可以由国有企业实施,也可以由民营企业取得特许经营权经营,但要受到法律法规的约束和指导,尤其是收费标准和收费期限等,都要受到政府干预和管制。

1.7.2 收费标准的形成机制

我国《公路法》第63条规定:"收费公路的收费标准,由收费单位提出方案,报省、自治区、直辖市人民政府交通主管部门会同同级物价行政主管部门审查批准。"《收费公路管理条例》第十五条规定:"政府还贷(收费）公路的收费标准，由省、自治区、直辖市人民政府交通主管部门会同同级价格主管部门、财政部门审核后，报本级人民政府审查批准。经营性公路的收费标准，由省、自治区、直辖市人民政府交通主管部门会同同级价格管理部门审核后，报本级人民政府审查批准。"

经营性公路通行费标准是由经营单位测算，省级政府交通主管部门和物价管理部门审批通过。相比政府收费公路，这种价格形成机制是社会主义市场经济的必然要求，即市场价格与政府宏观调控有机结合，一定意义上也是由经营性公路的准公共产品属性所决定的。

1.7.3 经营性公路收费标准定价原则

经营性公路是一种具有不完全竞争性和排他性的社会产品，定价的基本原则应是"合理利润、合理负担、调节需求、促进社会福利的提高"。其中，"合理利润"指公路的建设及运营成本能够得到补偿，同时利用特许经营等模式引入的资本能够获得必要的利润。"合理负担"指使用者负担合理的费用，也需要考虑公路使用的外部性。"调节需求"是指定价有利于公路的节约、集约使用，特别是针对路网流量密集地区，起到价格杠杆的调节作用。"促进社会福利的提高"指有利于公路持续经营，提升社会共同福利。这四个基本原则相互联系又相互制约，如流量较小、成本较高的道路，按合理利润定价，会让使用者负担过重。

1.7.4 经营性公路收费标准的定价策略及方法

政府收费公路的定价方法主要从成本补偿的角度出发，以成本回收为主要目的，其定价模型如下：

$$\sum_{t=1}^{n}[P_t \times Q_t \times L - C_t] \times (1+i)^{-1} - D = 0$$

式中　P_t——未来第 t 年通行费费率（元/辆次）；

　　　Q_t——未来第 t 年的交通量（辆次）；

　　　n——偿还贷款年限即收费年限（年）；

L——收费里程(千米);

C_t——未来第 t 年的公路养护、管理等费用(元);

i——贷款年平均利率;

D——贷款本息之和(元)。

经营性公路收费标准则是在此基础上考虑一定的合理回报得来的,基本定价模型如下:

$$\sum_{t=1}^{n}[f_t \times Q_t(1-T) \times L - C_t] \times (1-T_i) \times (1+k)^{-1} - I = 0$$

式中 f_t——未来第 t 年通行费费率(元/辆次);

Q_t——未来第 t 年的交通量(辆次);

n——特许经营年限(年);

L——收费里程(千米);

T——营业税税率;

T_i——所得税税率;

C_t——未来第 t 年的公路养护、管理等费用(元);

k——预计合理回报;

I——高速公路初始投资总成本。

综上,我国政府收费公路和经营性公路大部分都运用了以会计成本核定收费标准的倒逼定价机制,本质上是一种政府管制下的企业定价方式。

1.7.5 收费期限形成机制

目前,我国经营性公路收费期限主要有两种情况:一是达到国务院规定的最高收费年限自动取消收费;二是收回贷款本息或投资得到合理回报后取消收费。

经营性公路收费期限的确定关键在于做好投资回收期和合理回报期的预测。其中,对于投资回收期的预测是根据 1987 年颁发的《建设项目经济评价方法与参数》,要求项目经济评价以动态为主,静态为辅。项目计算期包括建设期和生产经营期,建设期根据项目的实际情况确定,生产经营期一般不宜超过 20 年。原交通部 1988 年颁布的《公路建设项目经济评价方法与参数》也相应规定，公路建设项目经济评价计算年限，等于建设期限加建设后运营年限，运营年限按照20年计算。《建设项目经济评价方法与参数》第三版更新后，《公路建设项目经济评价方法与参数》也相应进行了更新，明确了经营性公路项目其经济评价动态预测投资回收期最长为20年（政府收费公路）或30年（经营性公路）。

对于如何确定合理回报，目前国家有关法律法规尚无统一、具体的规定，仅有原交通部1996年《公路经营权有偿转让办法》规定的"转让公路经营权中的车辆通行收费权，应坚持以投资预测回收期加上合理年限盈利期（合理年限盈利期一般不得超过投资预测回收期的50%）为基准的原则"。根据公路经济评价动态预测投资回收期最长为20年的规定，其合理盈利期限按照50%计算则为10年，所以国家确定的经营性公路收费期限最长为30年主要是基于此依据。《公路经营权有偿转让办法》已于2008年10月1日《收费公路权益转让办法》颁布时废止，《收费公路权益转让办法》依然沿用之前收费年限政策不变。

实际操作中，因公路造价攀升、加密路网建设普遍存在效益不足等，河南、甘肃等地的收费公路在立项时已逐步超过了30年收费期限。

1.7.6　收费标准动态调整机制

《收费公路管理条例》中规定了车辆通行费可根据物价上涨等因素进行调整。2019年交通运输部《收费公路管理条例（修订送审稿）》提出："省、自治区、直辖市人民政府应当建立收费公路收费标准动态评估调整机制，评估调整周期最长不得超过5年。"新疆人民政府发布《关于完善收费公路价格政策促进自治区交通基础设施建设有关事宜的通知》（新政办发〔2017〕131号）中明确："自治区发展改革委、交通运输厅要研究制定特许经营期内的公路项目'监测分析、绩效评价'工作制度，以绩效评价结果和特许经营协议作为车辆通行费标准调整的依据，健全收费公路车辆通行费标准调整机制。"《基础设施和公用事业特许经营管理办法（征求意见稿）》明确："特许经营协议应当明确价格或收费的确定和调整机制。

特许经营项目价格或收费应当依据相关法律、行政法规、国家价格政策规定和特许经营协议约定予以确定和调整。"但在全国其他省份及新疆收费标准执行过程中,均没有形成具体明确的收费标准调整机制和办法,收费标准的调整尚待建立健全科学、合理原则和灵活机制。

第 ❷ 章
经营性公路收费定价政策及需求

2.1 国外收费定价政策

目前国外收费公路在其整体路网中的占比很低，但因起步较早，其公路网非常完善。大部分公路建设资金已经收回，因此不再推行通过收取通行费来回收建设资金。公路的养护和运营成本主要依靠车辆燃油费、消费税等一般税费。收费标准定价主要采用的方法为级差效益法，同时还根据通行费的弹性来确定其收费标准，即使用价格的弹性变化来调节车流量。

2.1.1 各国收费政策

法国的收费公路政策始于 20 世纪初。最初，只有一些特定的道路需要收费，如主要的高速公路和一些山区道路。随着时间的推移，收费公路的数量逐渐增加，以筹集资金进行道路维护和改善。法国的收费公路系统主要由私人公司经营，但政府对收费标准进行监管。

德国的高速公路建设始于 20 世纪 30 年代，最初的公路是免费的。随着时间的推移，德国开始对一些特殊车辆如载重较大的货车等收取通行费。目前，德国的公路仍然免费，但对一些特殊车辆收取通行费。

美国的高速公路建设始于 20 世纪初，最初的高速公路建设主要由政府投资。随着时间的推移，一些州开始实施收费政策，以筹集资金用于高速公路的建设和维护。目前，美国大部分的公路是免费的，部分收费公路的通行费标准也较低。

澳大利亚的高速公路建设较早，目前大多数已经不再收取通行费用，只有小部分还在收取通行费用，收费收入用来支付建设和养护维修。澳大利亚高速公路的收费费率根据通行车辆的车型来确定，对车型的划分比较简单，但车辆的收费费率较高，折合为人民币为 0.8~3.3 元/千米。

日本的高速公路建设始于 20 世纪 50 年代，最初的高速公路也是免费的。随着时间的推移，日本开始对一些高速公路实施收费政策，以筹集资金用于高速公路的建设和维护。目前，日本的高速公路收费政策相对较为复杂，收费标准根据车型和行驶距离等因素而定。

2.1.2 国外公路收费政策特点

通过上述各个国家收费政策来看，国外收费政策主要有：①大多数国家的收费公路养护运营费用由政府来承担；②国外大多数国家收费公路的建设和运营费用通过相关税收来支撑；③大部分公路实行免费制度，只有小部分公路收费，同时收费机制较为完善；④通行费收费标准较为灵活。美国工作日高速公路的收费费率高于周末。英国白天高速公路的收费费率高于晚上。日本高速公路行车里程不同，收费费率也不相同，并根据时间和使用频率的不同来制定收费费率。马来西亚高速公路的公共车辆的收费费率低于其他的社会车辆。综合来看，国外高速公路收费费率的制定考虑到了出行路段和出行时刻不同情况下的高速公路交通量、服务水平的差异性，结合高速公路运行的实际情况，设置不同情况下的收费费率，较显性地发挥了高速公路出行的社会效益和经济效益。

2.2 我国收费定价政策

在国家层面的收费公路政策中，本书主要分析 2004 年发布的《收费公路管理条例》和 2018 年公开征求意见的《收费公路管理条例（修订草案）》。

2.2.1 《收费公路管理条例》

2004 年 11 月施行的《收费公路管理条例》提出：

第十条　县级以上地方人民政府交通主管部门利用贷款或者向企业、个人有偿集资建设的公路（以下简称政府还贷公路），国内外经济组织投资建设或者依照公路法的规定受让政府还贷公路收费权的公路（以下简称经营性公路），经依法批准后，方可收取车辆通行费。

第十五条　车辆通行费的收费标准，应当依照价格法律、行政法规的规定进行听证，并按照下列程序审查批准：

（一）政府还贷公路的收费标准，由省、自治区、直辖市人民政府交通主管部门会同同级价格主管部门、财政部门审核后，报本级人民政府审查批准。

（二）经营性公路的收费标准，由省、自治区、直辖市人民政府交通主管部门会同同级价格主管部门审核后，报本级人民政府审查批准。

第十六条　车辆通行费的收费标准，应当根据公路的技术等级、投资总额、当地物价指数、偿还贷款或者有偿集资款的期限和收回投资的期限以及交通量等因素计算确定。对在国家规定的绿色通道上运输鲜活农产品的车辆，可以适当降低车辆通行费的收费标准或者免交车辆通行费。

2.2.2 《收费公路管理条例（修订草案）》

2018 年发布的《收费公路管理条例（修订草案）》提出：

第三条　各级人民政府应当支持、促进公路事业的发展。

收费公路发展实行用路者付费，通过收取车辆通行费方式筹集养护、管理资金，回收建设投资成本。

第四条　收费公路发展应当坚持规模适当、风险可控、投资多元、监管有效的原则，鼓励追求低风险、长期限投资回报的资本金投资收费公路。

第十一条　政府收费公路项目的偿债期限应当按照覆盖债务还本付息需求的原则合理设置。

经营性公路项目的经营期限，按照收回投资并有合理回报的原则确定，一般不得超过30年；对于投资规模大、回报周期长的收费公路，可以超过30年。

实施收费高速公路改扩建工程，增加高速公路车道数量，可重新核定偿债期限或者经营期限。

第十五条　车辆通行费的收费标准，应当根据下列因素确定：

（一）政府收费公路的收费标准，应当根据债务规模、利率水平、养护运营管理成本、当地物价水平、偿债期限以及交通流量等因素综合计算确定；

（二）经营性公路的收费标准，应当根据社会资本投资规模、合理回报、养护运营管理成本、当地物价水平、经营期限以及交通流量等因素综合计算确定；

（三）高速公路的养护管理收费标准，应当根据实际养护运营管理成本、当地物价水平以及交通流量等因素综合计算确定。

收费公路可以根据车辆类型、通行路段、通行时段、支付方式、路况水平、服务质量、交通流量等因素实行差异化收费。

省、自治区、直辖市人民政府应当建立收费公路收费标准动态评估调整机制，评估调整周期最长不得超过5年。

第十六条　车辆通行费的收费标准由省、自治区、直辖市人民政府交通运输主管部门会同财政、价格主管部门审核后报省、自治区、直辖市人民政府批准。

政府收费公路的偿债期限、经营性公路的经营期限由省、自治区、直辖市人民政府交通运输主管部门会同发展改革、财政主管部门审核后报省、自治区、直辖市人民政府批准。

第二十八条　收费公路经营管理者，经依法批准有权向通行收费公路的车辆收取车辆通行费。

基于公共利益需要，政府提前终止经营合同、实施通行费减免、降低收费标准等政策，给经营管理者合法收益造成损失的，应当由相应交通运输主管部门会同同级财政部门上报作出决策的政府，通过延长经营期限、给予财政补贴等方式予以补偿。

第四十条　政府收费公路的通行费收入、广告经营收入和服务设施经营收入、转让收费公路权益收入以及经营性公路政府分成收入，严格实行收支两条线管理，按国库集中收缴管理有关规定缴入国库，纳入政府性基金预算管理，主要用于收费公路政府债务偿还、养护费用支出、运营管理支出以及政府收费公路发展支出。

总体来看，现行的《收费公路管理条例》《收费公路管理条例（修订稿）》对收费标准制定的要求基本一致，虽然对于如何做好统筹考虑上述各项因素与收费标准制定的具体方案有一定的增补，但仍然并未明晰。

2.2.3　我国收费政策特点

1）政策支持

为了保障我国公路健康高质量运行，国家先后发布了《收费管理条例》《深化收费公路制度改革取消高速公路省界收费站实施方案》等政策性文件，指导收费公路的建设运营，为公路的长远可持续发展保驾护航。

2）定价流程固定

我国公路收费标准定价流程，首先是由政府单位提出定价目标，由运营单位根据项目各种边界条件进行财务测算，确定定价方案及收费标准后报相关政府单位审批，最后由政府批复后实施。在此流程下，收费标准一旦确定，再实行动态调整（增加）的难度很大。

2.3 新疆经营性公路的收费定价政策

2.3.1 新疆经营性公路相关收费政策

近年来，新疆收费公路标准相关依据文件主要有《关于降低车辆通行费收费标准方案的请示》（新交综〔2005〕86号）、《关于调整自治区收费公路车辆收费标准有关问题的批复》（新政函〔2010〕278号）、《关于新疆维吾尔自治区收费公路载货汽车计重收费标准的复函》（新政办函〔2013〕211号）、《关于完善收费公路价格政策促进自治区交通基础设施建设有关事宜的通知》（新政办发〔2017〕131号）、《关于新疆维吾尔自治区收费公路货车通行费标准的通知》（新交发〔2019〕203号）、《关于进一步做好收费公路设站收费有关工作的通知》（新交综〔2020〕85号）、《关于调整收费公路收费标准及相关收费政策的通知》（新交发〔2021〕1号）等。

2010年之前，新疆公路收费标准是按照当时经济状况、公路管养建设成本等因素确定的，主要依据《关于降低车辆通行费收费标准方案的请示》（新交综〔2005〕86号）实施，高速公路基本费率为0.25~0.3元/（小车·千米），二级公路基本费率为0.15~0.2元/（小车·千米）；五类车型收费系数分别为1∶1.5∶2∶4∶5。

2010年，为了提高债务偿还能力、适应当时公路建设管养成本增加的需求，新疆人民政府发布了《关于调整自治区收费公路车辆收费标准有关问题的批复》（新政函〔2010〕278号），"自治区收费公路实行按车型收费，收费标准为：高速、一级公路0.35元/（小车·千米），二级公路0.25元/（小车·千米）；南疆四地州采用标准为：高速、一级公路0.3元/（小车·千米），二级公路0.2元/（小车·千米）"，直接明确了南北疆不同等级公路的收费标准。

2013年，根据国务院办公厅《关于进一步加强车辆超限超载治理工作的通知》（国办发〔2005〕30号）和交通运输部《关于收费公路试行计重收费指导意见的通知》（交公路发〔2005〕492号）等有关规定，新疆人民政府发布了《关于新疆维吾尔自治区收费公路载货汽车计重收费标准的复函》(新政办函〔2013〕211号),货车计重收费基本费率为:高速公路、一级公路0.07元/(吨·千米),二级公路0.05元/(吨·千米);南疆四地州(喀什地区、和田地区、克孜勒苏柯尔克孜自治州、阿克苏地区)基本费率为:高速公路、一级公路0.06元/(吨·千米),二级公路0.04元/(吨·千米);特大桥梁和隧道基本费率0.25元/(吨·千米);不同技术等级混合的公路,以里程为权重,按不同技术等级的标准加权平均计算基本费率。

2017年,为加快推进新疆收费公路投资建设发展,自治区人民政府发布《关于完善收费公路价格政策促进自治区交通基础设施建设有关事宜的通知》(新政办发〔2017〕131号),对2017年以后新建的政府投资、社会资本参与建设的高速、一级公路,不分区域,统筹考虑未来公路投资建设成本及规模等因素实行"一路一价"的收费公路定价方式,确定公路车辆通行费标准;尚未建成运营的高速、一级收费公路项目,通车前由交通运输厅会同发改委和财政厅根据公路项目投资总额、技术等级、运营成本、财务支出、项目风险、回收率、回收期限、交通量等因素,运用财政补贴、特许经营等政策措施,综合考虑公路项目运营期的实际收益,合理确定车辆通行费收费标准;二级公路基本费率按照《关于调整自治区收费公路车辆通行费标准有关问题的批复》(新政函〔2010〕278号)文件执行。

2019年12月,为贯彻党中央、国务院决策部署,进一步深化收费公路制度改革,推进道路运输降本增效,新疆交通运输厅、发展改革委、财政厅共同会商确定了《新疆维吾尔自治区收费公路货车通行费计费方式调整方案(试行)》,指出按照《收费公路车辆通行费车型分类》(JT/T 489—2019)调整全区收费公路车辆的车型分类,从2020年1月1日起,货车通行费计费方式由计重收费调整为按车(轴)型收费,客车收费标准执行原批复标准;一类货车收费标准按计重基本费率对应的车型分类收费标准执行,未实施计重收费的路段,一类货车收费标准执行原标准;对2017年以后新建政府投资、社会资本参与建设的收费公路项目按照"一路一价"原则确定一类客(货)车收费标准,一类货车收费标准与一类客车收费标准一致。

2020年,为进一步做好收费公路的设站收费工作,新疆交通运输厅发布《关于进一步做好收费公路设站收费有关工作的通知》(新交综〔2020〕85号),设站审批流程大致如下:首先由经营管理单位(项目管理单位)报厅设站收费请示文件,其次进行符合性审查和厅级内部审查,然后征求新疆发改委设站意见建议,接着进行现场实地调研,再向自治区人民政府上报设站请示,最后由自治区人民政府批复同意设站。收费标准审批流程大致如下:首先由经营管理单位(项目管理单位)报交通运输厅收费标准核定报告文件,其次进行符合性审查和交通运输厅审查会议,然后征求新疆发改委收费标准核定意见建议,接着进行现场实地调研,并召开收费方案听证会,再由经营管理单位(项目管理单位)报交通运输厅正式通车收费请示文件,最后根据自治区人民政府授权,交通运输厅会同发改委联合批复收费标准。

2021年,为进一步巩固深化收费公路制度改革,取消高速公路省界收费站工作成果,推动区域经济社会良好发展、促进物流降本增效、简化收费标准体系,新疆交通运输厅、发改委、财政厅联合发布《关于调整收费公路收费标准及相关收费政策的通知》(新交发〔2021〕1号),全疆收费公路车辆通行费收费定价采用"综合费率"或"基本费率+桥隧通行费"两种模式,已运营的收费公路项目维持原批复的定价模式;尚未交工投用的封闭式收费公路项目,通车收费前由交通运输厅会同发展改革委和财政厅根据项目收费属性以及桥隧结构物等实际情况,审核确定其收费定价模式;2021年1月1日起新批复通车运营的货车(含专项作业车)收费级差系数为1:1.35:3.10:4.29:4.81:6.84。

综上,目前新疆车辆通行费定价主要依据的政策文件为《关于完善收费公路价格政策促进自治区交通基础设施建设有关事宜的通知》(新政办发〔2017〕131号)和《关于调整收费公路收费标准及相关收费政策通知》(新交发〔2021〕1号),收费标准按照"一路一价"政策制定,定价模式主要采用"综合费率"模式。二级收费公路车辆通行费定价主要依据的政策文件为《关于调整自治区收费公路车辆通行费标准有关问题的批复》(新政函〔2010〕278号),收费标准按照基本费率制定。

新疆有关收费公路政策文件和适用年限汇总见表2-1。

表 2-1　新疆收费公路相关政策及适用年限汇总

序号	收费公路政策	主要规定	适用年限
1	《关于降低车辆通行费收费标准方案的请示》（新交综〔2005〕86号）	高速公路基本费率为0.25~0.3元/（小车·千米），二级公路基本费率为0.15~0.2元/（小车·千米）	2005—2010年
2	《关于调整自治区收费公路车辆收费标准有关问题的批复》（新政函〔2010〕278号）	高速、一级公路0.35元/（小车·千米），二级公路0.25元/（小车·千米）；南疆四地州高速、一级公路0.30元/（小车·千米），二级公路0.20元/（小车·千米）	2010—2017年（政府还贷型公路适用年限为2010年至今）
3	《关于新疆维吾尔自治区收费公路载货汽车计重收费标准的复函》（新政办函〔2013〕211号）	货车基本费率：高速公路、一级公路0.07元/（吨·千米），二级公路0.05元/（吨·千米）；南疆四地州高速公路、一级公路0.06元/（吨·千米），二级公路0.04元/（吨·千米）；特大桥梁和隧道基本费率0.25元/（吨·千米）	2013—2019年
4	《关于完善收费公路价格政策促进自治区交通基础设施建设有关事宜的通知》（新政办发〔2017〕131号）	对2017年以后新建的政府投资、社会资本参与建设的高速、一级公路，不分区域，统筹考虑未来公路投资建设成本及规模等因素，实行"一路一价"的收费公路定价方式，确定公路车辆通行费标准	2017年至今
5	《关于新疆维吾尔自治区收费公路货车通行费标准的通知（新交发〔2019〕203号）》	按照《收费公路车辆通行费车型分类》（JT/T489—2019）调整全区收费公路车辆的车型分类，从2020年1月1日起，货车通行费计费方式由计费收费调整为按车（轴）型收费，客车收费标准执行原批复标准	2020年至今
6	《关于进一步做好收费公路设站收费有关工作的通知》（新交综〔2020〕85号）	关于设站受理，收费公路经营管理单位应在通车收费前12个月上报设站收费请示文件；关于收费标准批复受理，收费公路经营管理单位应在通车收费前8个月上报收费标准核定报告文件	2020年至今
7	《关于调整收费公路收费标准及相关收费政策的通知》（新交发〔2021〕1号）	收费公路车辆通行费收费定价采用"综合费率"或"基本费率+桥隧通行费"两种模式，尚未建成运营的高速、一级收费公路项目，通车收费前由自治区交通运输厅会同自治区发改委和财政厅根据项目收费属性结合国际及自治区相关规定另行核定基本费率	2021年至今

2.3.2 新疆公路收费标准现状

新疆 2017 年后批复的封闭式、开放式收费公路名称、技术等级、基本费率等信息见表 2-2。

表 2-2 自治区 2017 年前后批复的收费公路项目信息

批复时间	序号	收费项目名称	技术等级	所在地区	基本费率/[元/(车·千米)]
2017年以后	1	G7 线梧桐大泉至伊吾至巴里坤高速公路	高速	北疆	0.472
	2	G7 线大黄山至乌鲁木齐高速公路	高速	北疆	0.486
	3	G30 线连霍国家高速公路吐鲁番至小草湖段高速公路	高速	北疆	0.45
	4	G30 线小草湖至乌鲁木齐高速公路	高速	北疆	0.45
	5	G30 线乌鲁木齐至奎屯高速公路	高速	北疆	0.45
	6	G216 线富蕴至五彩湾	高速	北疆	0.4
	7	G7 线明水（甘新界）至哈密高速公路	高速	北疆	0.35
	8	G30 线赛里木湖至霍尔果斯高速公路	高速	北疆	0.48
	9	G3003 线乌鲁木齐绕城高速公路（东线）	高速	北疆	0.44
	10	G30 线乌苏至赛里木湖高速公路	高速	北疆	0.35
	11	G577 线夏尔湖	一级	北疆	0.4
	12	G218 线墩麻扎至那拉提	高速	北疆	0.4
	13	G577 线特克斯至昭苏段一级公路项目	一级	北疆	0.4

（续表）

批复时间	序号	收费项目名称	技术等级	所在地区	基本费率/[元/(车·千米)]
2017年以后	14	若羌至民丰高速公路	高速	南疆四地州	0.45
	15	G575线老爷庙口岸至巴里坤一级公路	一级	北疆	0.42
	16	S232线布尔津至喀纳斯机场段一级公路	一级	北疆	0.42
2017年以前	1	G3015线克拉玛依至塔城高速公路	高速	北疆	0.35
	2	G3016线伊宁至墩麻扎高速公路	高速	北疆	0.35
	3	G3014线克拉玛依至阿勒泰高速公路	高速	北疆	0.35
	4	G3012线阿克苏至喀什高速公路	高速	南疆四地州	0.3
	5	G3013线喀什至伊尔克什坦高速公路	高速	南疆四地州	0.3
	6	S13线三岔口至莎车高速公路	高速	南疆四地州	0.3
	7	S16线麦盖提至喀什高速公路	高速	南疆四地州	0.3
	8	五彩湾至大黄山	高速	北疆	0.35
	9	大黄山至奇台	高速	北疆	0.35
	10	奇台至木垒	高速	北疆	0.35
	11	G3012线喀什至疏勒高速公路	高速	南疆四地州	0.35
	12	G3012线和库高速公路	高速	北疆	0.35
	13	G30线烟墩	高速	北疆	0.35
	14	G30线二堡	高速	北疆	0.35

第 2 章 经营性公路收费定价政策及需求

（续表）

批复时间	序号	收费项目名称	技术等级	所在地区	基本费率/[元/(车·千米)]
2017年以前	15	G30线一碗泉	高速	北疆	0.35
	16	G3014线奎屯至克拉玛依高速公路	高速	北疆	0.35
	17	G30线鄯善东	高速	北疆	0.35
	18	G30线赛里木湖至霍尔果斯高速公路	高速	北疆	0.48
	19	G3012线库车至阿克苏公路	高速	南疆四地州	0.3
	20	G3012线墨玉至和田段高速公路	高速	南疆四地州	0.3
	21	G3012线喀什（疏勒）至叶城至墨玉段二期高速公路	高速	南疆四地州	0.3
	22	G3014线天北	高速	北疆	0.35
	23	G3014线克拉玛依	高速	北疆	0.35
	24	S115线榆树沟	一级	北疆	0.35
	25	S221线恰夏	一级	北疆	0.35
	26	S201线小拐	一级	北疆	0.35
	27	S201沙门子	一级	北疆	0.35
	28	S201新湖	一级	北疆	0.35
	29	G3012线库米什	高速	北疆	0.35
	30	G3012线库尔楚	高速	北疆	0.35
	31	G3012线库车	高速	南疆四地州	0.3

以 2017 年为分界点，2017 年以前新疆人民政府批复的收费公路收费标准均按《关于调整自治区收费公路车辆通行费标准有关问题的批复》（新政函〔2010〕278 号）文件执行。2017 年"一路一价"政策出台后，收费标准基本全部突破之前水平，发展到 2019 年、2020 年、2021 年的批复收费标准从 0.40 元/（车·千米）逐渐提高，最高达到 0.486 元/（车·千米），"一路一价"政策随着社会经济发展呈现出动态性、逐渐升高趋势。

2.3.3　新疆公路收费政策特点

新疆收费公路政策呈现两个方面的特点：一是结合新疆幅员广袤、人口稀疏特点，为了惠及民生，长期执行低费率水平；二是绿色通道、节假日免费、工业制造业运输车辆优惠政策较多。

新疆为积极贯彻"绿色通道"（曾经在国家有关部门界定的鲜活农产品类别和常见品种的基础上，结合新疆鲜活农产品"绿色通道"建设的实际情况，在原目录基础上补列了红薯、土豆、鲜红枣、鸽子、新鲜肉蛋奶等共四大类 24 个品种的鲜活农产品）和节假日（在交通部推行的基础上新增古尔邦节和肉孜节）等惠民政策，同时为鼓励集装箱、特种罐装、甩挂运输车辆发展，对符合国际标准的集装箱及特种罐装车辆，以及国家发改委、财政部、交通运输部确定的我区甩挂运输试点企业的甩挂车辆，按计重收费的 75% 收取车辆通行费。2013 年、2014 年、2015 年、2016 年、2017 年、2018 年免收通行费分别达到 6.8 亿元、6.93 亿元、8.1 亿元、9.9 亿元、11.9 亿元和 14.7 亿元，分别占当年收取车辆通行费的 15.4%、14.8%、15.3%、17%、14% 和 17%。该项利民、惠民政策为稳定全区鲜活农产品价格和方便群众节假日免费出行等均作出了重要的贡献。工业制造业运输方面，从 2016 年 7 月开始至 2016 年 12 月 31 日，对合法装载煤炭的运输车辆在五彩湾至大黄山、大黄山至奇台、奇台至木垒等三条高速公路和 G3012 线库车至阿克苏段玉儿滚匝道至阿克苏东主线收费站之间，以及八一钢铁有限公司合法装载钢铁的运输车辆在 G30 线乌鲁木齐至奎屯段内高速公路上通行，实行计重收费下浮约 15% 的暂时优惠政策，为新疆重点企业"去产能、去库存、降成本"提供了力所能及的支持和服务，全力助推新疆经济稳增长、调结构、增效益。为降低农资流通成本、减轻化肥价格上涨压力、保障春耕生产、促进农业发展，从 2018 年 4 月 5 日起至 6 月 5 日止，全区整车合法装载化肥的运输车辆，通行收费公路时计重收费标准减半征收。

2.3.4 新疆公路收费政策存在的不足

近年来随着新疆收费公路的不断发展，既有收费公路相关政策在收费标准审批实施过程中仍不能满足经营性公路的发展需求，主要表现在以下几个方面：

一是随着新疆经济社会的快速发展、收费公路通行条件不断发生变化，《关于调整自治区收费公路车辆通行费标准有关问题的批复》（新政函〔2010〕278 号）制定的政府指导价已不能满足收费公路未来的发展趋势。

二是《关于完善收费公路价格政策促进自治区交通基础设施建设有关事宜的通知》（新政办发〔2017〕131 号）制定的"一路一价"政策执行至今，收费定价缺乏理论及模式研究。此外，新开通的收费公路定价均需召开听证会，导致行业监管工作量较大，管理成本增加、收费标准审批时限长、流程较为复杂。

三是《关于调整收费公路收费标准及相关收费政策通知》（新交发〔2021〕1 号）中虽然指出自治区收费公路收费标准可采用"综合费率"或"基本费率+桥隧通行费"两种定价模式，但目前尚未出台实施细则或定价方案以具体指导收费公路定价过程。

四是新疆"十四五"时期公路建设项目呈现出建设投资较高、桥隧占比较大的特征，当前的收费公路政策已不能满足未来公路建设项目的发展要求，且对桥隧通行费的研究较为匮乏。

2.4 外省公路收费定价方法

2.4.1 外省收费公路收费标准

近年来国内各省市高等级公路建设发展迅速,各地都制定了适合本地区经济发展水平的收费标准。由于我国各地区经济发展水平差别很大,投资来源也多不相同,因此各地区收费标准之间也存在较大的差异。全国各省份 2019 年收费公路一类车平均收费标准见表 2-3。

表 2-3 2019 年全国各省区市平均收费标准 单位:元/千米

地区	合计			地区	合计		
	高速	一级	二级		高速	一级	二级
全国	0.48	0.24	0.23	山东省	0.41	0.15	
东部	0.48	0.23	0.31	河南省	0.48		
中部	0.47	0.26	0.26	湖北省	0.60	0.23	
西部	0.49	0.24	0.21	湖南省	0.47		
北京市	0.49			广东省	0.53		
天津市	0.53			广西壮族自治区	0.47	0.23	
河北省	0.43	0.19		海南省			
山西省	0.36	0.23	0.30	重庆市	0.59		
内蒙古自治区	0.40	0.23	0.20	四川省	0.47	0.26	
辽宁省	0.45			贵州省	0.62	0.50	
吉林省	0.45	0.27	0.24	云南省	0.50	0.33	
黑龙江省	0.45	0.38	0.14	西藏自治区			
上海市	0.60			陕西省	0.54	0.14	0.33
江苏省	0.48	0.21		甘肃省	0.38	0.27	
浙江省	0.40	0.38	0.31	青海省	0.42	0.32	0.20

（续表）

地区	合计			地区	合计		
	高速	一级	二级		高速	一级	二级
安徽省	0.45	0.19	0.17	宁夏回族自治区	0.30	0.28	
福建省	0.59			新疆维吾尔自治区	0.36	0.33	0.22
江西省	0.45						

根据各省、自治区、直辖市2019年收费公路统计年报，全国高速公路平均收费标准是0.48元/千米（包含政府收费公路和经营性收费公路），其中最高的是贵州（0.62元/千米），最低的是新疆（0.36元/千米）（宁夏除外，宁夏高速公路为政府收费路），各省市一类车高速公路平均收费标准见表2-4、表2-5、图2-1。

表2-4 2019年全国各省区市政府收费路平均收费标准

单位：元/千米

地区	还债（还贷）性			地区	还债（还贷）性		
	高速	一级	二级		高速	一级	二级
全国	0.47	0.22	0.22	山东省	0.40	0.16	
东部	0.48	0.18		河南省	0.49		
中部	0.47	0.25		湖北省	0.62	0.19	
西部	0.46	0.23	0.22	湖南省	0.48		
北京市	0.50			广东省	0.53		
天津市				广西壮族自治区	0.47	0.23	
河北省	0.42	0.19		海南省			
山西省	0.36	0.23		重庆市			
内蒙古自治区	0.40	0.23		四川省	0.51	0.27	
辽宁省				贵州省	0.63		

（续表）

地区	还债（还贷）性			地区	还债（还贷）性		
	高速	一级	二级		高速	一级	二级
吉林省	0.45	0.28		云南省	0.43		
黑龙江省	0.45	0.37		西藏自治区			
上海市	0.60			陕西省	0.54	0.11	
江苏省	0.54	0.19		甘肃省	0.38	0.27	
浙江省	0.40			青海省	0.42	0.32	
安徽省		0.18		宁夏回族自治区	0.30		
福建省	0.59			新疆维吾尔自治区	0.34	0.28	0.22
江西省	0.45						

表 2-5　2019 年全国各省区市经营性收费公路平均收费标准

单位：元/千米

地区	经营性			地区	经营性		
	高速	一级	二级		高速	一级	二级
全国	0.49	0.29	0.23	山东省	0.42	0.14	
东部	0.48	0.31	0.31	河南省	0.47		
中部	0.47	0.28	0.26	湖北省	0.59	0.53	
西部	0.52	0.28	0.21	湖南省	0.46		
北京市	0.49			广东省	0.53		
天津市	0.53			广西壮族自治区	0.48		
河北省	0.44	0.20		海南省			
山西省	0.36	0.23	0.30	重庆市	0.59		
内蒙古自治区	0.38	0.25	0.20	四川省	0.46	0.26	
辽宁省	0.45			贵州省	0.61	0.50	

（续表）

地区	经营性			地区	经营性		
	高速	一级	二级		高速	一级	二级
吉林省	0.45	0.20	0.24	云南省	0.50	0.33	
黑龙江省	0.47	0.42	0.14	西藏自治区			
上海市	0.60			陕西省	0.52	0.22	0.33
江苏省	0.48	0.24		甘肃省	0.50		
浙江省	0.40	0.38	0.31	青海省			0.20
安徽省	0.45	0.22	0.17	宁夏回族自治区		0.28	
福建省	0.59			新疆维吾尔自治区	0.44	0.40	
江西省	0.45						

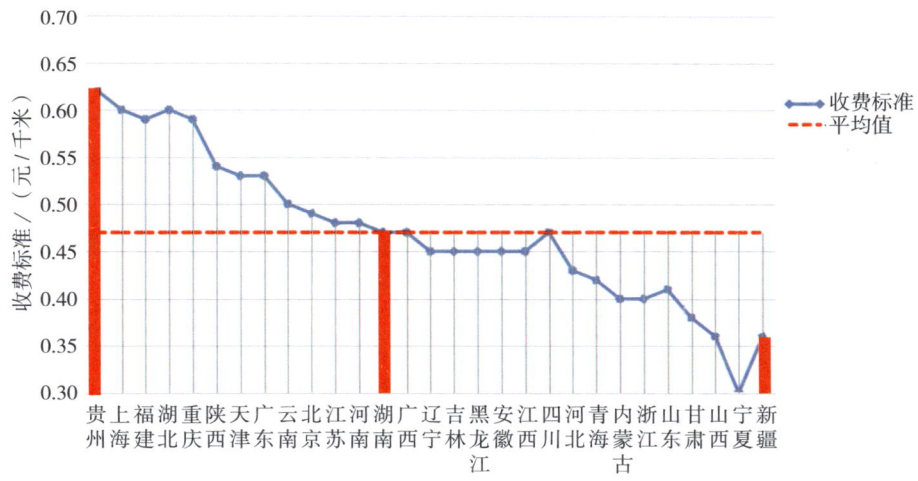

图 2-1　各省区市高速公路 1 类车平均收费标准

政府收费公路中，全国高速公路平均收费标准是 0.48 元 / 千米，其中最高的是贵州（0.63 元 / 千米），最低的是宁夏（0.30 元 / 千米），新疆的政府收费公路收费标准为 0.34 元 / 千米（除宁夏以外最低）。

经营性收费公路中，全国高速公路平均收费标准是 0.49 元 / 千米，其中最高的是贵州（0.61元/千米），最低的是山西（0.36元/千米）。新疆的经营性收费公路收费标准在全国也处于较低水平，为0.44元/千米。

2.4.2 进出新疆通道沿线省份收费公路收费标准

G7、G30和G315作为新疆连接我国华北、东北、西北地区交通主干道和经济发展轴，对区域经济发展有着显著的促进作用。3条与外部联络的大通道，对加快境内矿产原材料及其深加工产品的流通速度，延长产业链，充分发挥资源优势，加速产业结构调整步伐，实现地区经济持续发展具有十分重要的促进作用。

由表2-6、图2-2可知：北通道收费标准1类车在0.38~0.49元/（车·千米）之间，多数居于底部；中通道收费标准1类车在0.46~0.59元/（车·千米）之间，相对集中分布中段；中通道支线收费标准1类车在0.30~0.60元/（车·千米）之间，分布不均；南通道收费标准1类车在0.36~0.61元/（车·千米）之间，跨度较大。从北、中、南多个通道来看，新疆公路收费标准在全国仍处于低水平。

表2-6 2023年进出新疆通道沿线省区市高速公路1类车平均收费标准

单位：元/（车·千米）

序号	进出新疆通道	省份	客车收费标准	货车收费标准
1	北通道	黑龙江省	0.47	0.35
2		吉林省	0.45	0.45
3		辽宁省	0.45	0.45
4		北京市	0.49	0.49
5		内蒙古自治区	0.38	0.35
6	中通道	广东省	0.53	0.53
7		湖南省	0.46	0.46
8		湖北省	0.59	0.45
9		河南省	0.47	0.47

（续表）

序号	进出新疆通道	省份	客车收费标准	货车收费标准
10	中通道	陕西省	0.52	0.52
11	中通道	甘肃省	0.50	0.55
12	中通道支线	上海市	0.60	0.60
13	中通道支线	江苏省	0.48	0.45
14	中通道支线	山东省	0.42	0.42
15	中通道支线	山西省	0.36	0.45
16	中通道支线	宁夏回族自治区	0.30（政府还贷）	0.35
17	南通道	云南省	0.50	0.45
18	南通道	贵州省	0.61	0.50
19	南通道	重庆市	0.59	0.45
20	南通道	四川省	0.46	0.40
21	南通道	青海省	0.42（政府还贷）	0.40
22		新疆维吾尔自治区	0.36	0.36

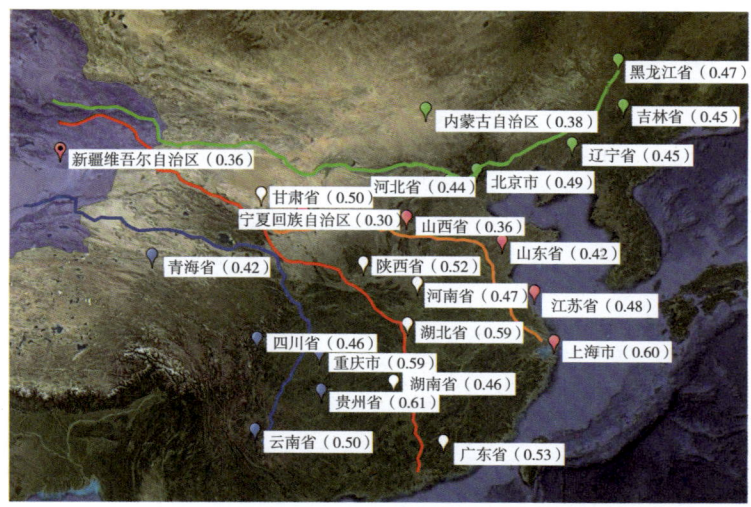

图 2-2　2023 年进出新疆通道沿线各省区市高速公路 1 类车平均收费标准
［单位：元/（车·千米）］

与国内经济发展水平相当的省市相比，新疆公路现行收费标准1类车在0.30~0.472元/（车·千米），相对较低；6类车在2.05~3.23元/（车·千米），相对较高。另外，国内大部分省（市）在执行基本收费标准的基础上，还执行桥隧加收政策。

2.4.3 周边省份收费公路政策及收费标准经验借鉴

1）贵州省

（1）现阶段收费政策。根据《省人民政府关于贵州省调整收费公路货车通行费计费方式工作方案的批复》（黔府函〔2019〕137号），2020年1月1日起，贵州省高速公路统一基本收费标准为0.5元/（车·千米）[对一类货车实行差异化收费，收费标准为0.45元/（车·千米）]。客车收费系数为1∶1.5∶2∶3.5，货车收费系数为1∶1.4∶3∶4.2∶4.5∶6.15。同时按照《收费公路管理条例》第十八条的规定："四车道的独立桥梁、隧道，长度500米以上，可以收取车辆通行费。"

贵州省对符合收费条件的桥隧单独计费，合并征收车辆通行费。货车基本收费标准调整为：一类客货车通过一类桥隧通行费1.1元/车次，桥隧分类系数为1∶2∶3∶4∶5。如三类客车通过二类桥隧收费价格为：2×1.1×2＝4.4元/车次。各类车型桥隧单独计费标准见表2-7。

表2-7 贵州省桥隧单独计费收费标准统计

单位：元/车次

车型	1类车		2类车		3类车		4类车		5类车	6类车
	客车	货车	客车	货车	客车	货车	客车	货车	货车	货车
一类桥隧	1.10	1.10	1.65	1.54	2.20	3.30	3.85	4.62	4.95	6.77
二类桥隧	2.20	2.20	3.30	3.08	4.40	6.60	7.70	9.24	9.90	13.53
三类桥隧	3.30	3.30	4.95	4.62	6.60	9.90	11.55	13.86	14.85	20.30

（续表）

车型	1类车		2类车		3类车		4类车		5类车	6类车
	客车	货车	客车	货车	客车	货车	客车	货车	货车	货车
四类桥隧	4.40	4.40	6.60	6.16	8.80	13.20	15.40	18.48	19.80	27.06
五类桥隧	5.50	5.50	8.25	7.70	11.00	16.50	19.25	23.10	24.75	33.83

桥隧加收是贵州通行费收入的主要组成部分，若取消桥隧加收政策，贵州省收费收入将会减少50%。受政策的支持，贵州省收费标准处于全国较高水平，对桥隧单独计费进行全线加权平均后，收费标准最高可达1.26元/（车·千米）。

贵州省匝道、引道均计费，匝道收费标准为0.5元/（车·千米），引道收费标准为0.35元/（车·千米）。

（2）收费标准制定及审批流程（图2-3）。

① 第三方机构（通常在交通运输厅机构库中挑选）测量道路长度及桥隧长度，计算每一段的计费长度，主要包括主线、匝道、引道（均计费），并出具里程实测报告。

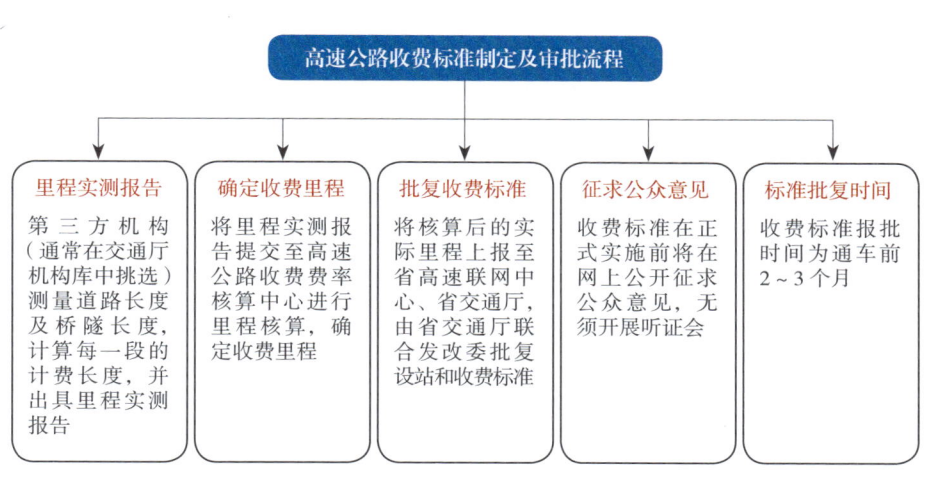

图2-3 贵州省高速公路收费标准制定及审批流程

② 将里程实测报告提交至贵州指定某机构开展高速公路收费费率核算中心进行里程核算，确定收费里程。

③ 将核算后的实际里程上报至省高速联网中心、省交通运输厅（审批时间节点：每月1日、16日）。由省交通厅联合发改委批收费标准，同时由省政府下发文件，同意设站收费及收费标准批复（设站和收费标准可同时报批，但收费标准最终批复的前提条件为已批复设站）。

注：由于贵州全省采用统一的收费标准，收费报批仅需对收费里程进行测量，出具里程实测报告，在既定的收费标准下根据实际里程计费。

---

④ 收费标准在正式实施前将在网上公开征求公众意见，无须开展听证会。

⑤ 收费标准报批时间为通车前2~3个月。

（3）贵州省养护运营管理成本。贵州省不同项目运营成本具有显著差异，总体来看经营成本为每年25万~30万元/千米，其中人力成本占比为60%。不同运营主体对运营成本支出不同，支出区间为每年20~60万元/千米。

2）四川省

（1）现阶段收费政策。依据四川省人民政府发布的《四川省高速公路车辆通行费定价办法》，要求新建高速公路收费标准，依据概算投资，原则上按基本收费标准加投资调整方式确定。基本收费标准按投资8000万元/千米计算，一类车为0.50元/（车·千米），投资不超过8000万元/千米的高速公路执行基本收费标准。投资超过8000万元/千米的，以1000万元作为递进区间，对应一类车收费标准调增0.05元/（车·千米），收费标准初次批准上限为1.20元/（车·千米）。新建高速公路投资调整值按车道数折减。双向四车道折减系数为1.0，双向六车道折减系数为0.8，双向八车道折减系数为0.6［注：关于投资8000万元/千米，一类车0.50元/（车·千米）

第 2 章　经营性公路收费定价政策及需求

基准主要是采用类比法，总结梳理了四川省高速公路的平均投资和社会公众普遍接受程度确定]。

改扩建高速公路包括原路加宽、另建新线、原路加宽与另建新线相结合三种方式。原路扩容项目需单独编制费率测算报告，在报告中需进行多方案比选，设置多种收益率水平，测算每种收益水平所对应的收费标准，供价格主管部门审批决策。

虽然省政府发布了《四川省高速公路车辆通行费定价办法》，现阶段并未严格完全按照文件执行。主要是政府从公众角度考虑，兼顾社会承受力和舆情，分布式推进，上述定价办法确定了收费标准上限，实际执行阶段收费主体仍需编制费率测算报告，实施的收费标准往往低于收费标准上限。

（2）收费标准制定及审批流程（图2-4）。

① 收费立项。新建高速公路完成工程可行性研究报告审批（核准）和初步设计等审批并正式开工建设后，提请收费立项。改扩建高速公路的收费性质和收费主体与改扩建前一致的，不再申请收费立项；收费性质或收费主体发生变化的，按照上述规定提请收费立项。

② 编制费率测算报告。费率测算报告中应明确收费站站址、收费制式、收费标准、收费期限等问题，一般不会对工程可行性研究报告批复的

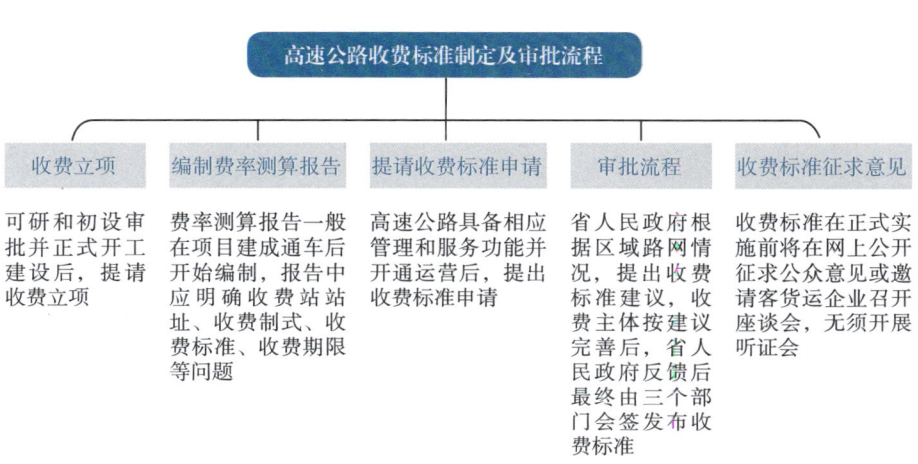

图2-4　四川省高速公路收费标准制定及审批流程

交通量进行重新评估预测。费率测算报告一般在项目建成通车后开始编制，四川省基本没有通车后立即收费的情况，四川省交通厅一般在通车后才受理收费报批程序。

③ 提出收费标准申请。高速公路具备相应管理和服务功能并开通运营后，提出收费标准申请。

④ 审批流程。高速公路收费立项、收费标准、收费期限及收费标准调整，由收费主体研究提出申请和建议方案。对于政府收费项目，由省人民政府交通运输主管部门、发展改革和财政部门审核后，报省人民政府审批；对于经营性项目，由省人民政府交通运输主管部门和发展改革部门审核后，报省人民政府审批。省人民政府根据区域路网情况，提出收费标准建议，收费主体按建议完善后，待交通运输主管部门、发展改革和财政三个部门会签后向省人民政府请示，省人民政府反馈后最终由三个部门会签发布收费标准。

⑤ 收费标准征求意见。收费标准在正式实施前将在网上公开征求公众意见或邀请客货运企业召开座谈会，无须开展听证会。

3）甘肃省

（1）现阶段收费政策。收费评估报告交通量依据工程可行性研究报告交通量计算标准，同时收费标准要比较相邻路段，项目实施方案中的收费标准不作为收费标准的依据。

批复的收费期限大多为30年。

甘肃省大多数收费项目收费标准为0.35元/（车·千米），后续新建设项目收费标准均为0.55元/（车·千米），目前仅有1个项目收费标准达到0.6元/（车·千米）。

项目运营期收费标准调整问题：第一次上调收费标准时存在不同意见，经邀请交通运输厅、财政厅双库专家论证后方才同意调整，但调整幅度不能过高。同时，收费标准可在新收费公路条例印发后再研究调整。

项目运营期交通量低于最低需求时，财政部门对该可行性缺口补助持认可的态度，在合同协议里一般会约定运营期或有承诺，如延长收费期限、

第 2 章　经营性公路收费定价政策及需求

匹配相应资源（如矿产资源、旅游资源）等政策性措施的定性描述。

（2）收费标准审批流程（图 2-5）。项目主体单位依据可行性研究报告开展收费评估报告的测算，完成后上报省交通运输厅、省发展改革委，再由第三方咨询机构开展评估（过程中一般对收费标准、收费期限需经过反复测算 5~6 次），最后报省发展改革委批复。若上报费率标准位于 0.35~0.55 元/（车·千米）时，由发改委审核后直接批复；费率若高于 0.55 元/（车·千米）时，将举行听证会，听证后实施批复。

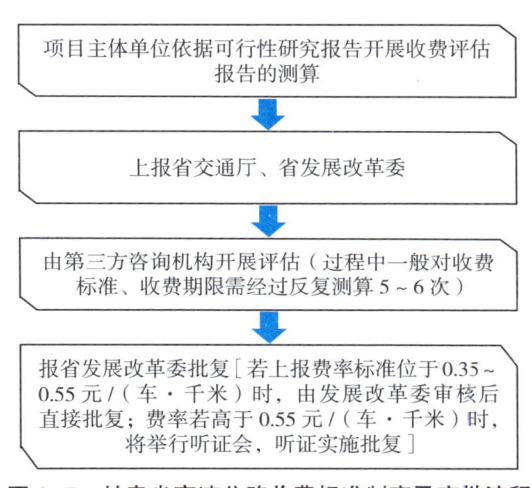

图 2-5　甘肃省高速公路收费标准制定及审批流程

4）经验借鉴

本书充分吸收周边省份关于收费公路政策及收费标准制定流程的亮点和先进做法，为新疆公路收费标准定价提供可借鉴的方法。现将贵州省、四川省及甘肃省可借鉴的相关先进做法总结如下：

（1）贵州省。贵州省山区较多、桥隧占比较大，公路普通路段采用统一的收费标准，对符合收费条件的桥隧实行加收政策，即针对桥隧实施了"一路一价"政策。贵州省交通量处于一般水平，采用"普通路段均一、桥隧'一路一价'"的模式使得公路使用者普遍可接受，并且与投资者利益相符，体现了"一路一价"的原则精神。新疆"十四五"乃至"十五五"

时期公路建设也呈现出建设投资较高、桥隧占比较大的特征，可充分借鉴贵州省公路普通路段采用均一价、针对桥隧单独计价的定价模式，进一步研究补充新疆公路桥隧加收定价方法。

（2）四川省。四川省桥隧占比相对不高，在公路收费标准制定时主要是依据批复的概算投资，采用了"四车道基价+单千米投资增长+多车道增长"的定价模式，即实施了"一路一价"定价政策。当投资在8 000万元/千米以下时实行均一价，主要是利用收费年限调整收益，有利于区域路网达到均衡；当投资在8 000万元/千米以上时逐级递增、增幅递减，限制了一定的收费价格上升幅度，虽然可能无法充分保证投资者的合理收益，但还可通过收费期限等其他手段进行调节。新疆可借鉴四川省依据批复的概算投资确定收费标准的定价经验，研究设定行业主管部门执行听证流程的收费标准。

（3）甘肃省。甘肃省荒漠、戈壁占比较多，经济相对欠发达，虽然明确了收费公路"一路一价"精神，但政策理论尚不清晰，目前定价方法还处于创新发展阶段。新疆收费公路交通量总体与甘肃省接近，地形也多以荒漠、戈壁为主，收费公路定价理论体系也处于探索阶段，可借鉴甘肃省听证的指导价经验，分南北疆域制定新疆高速（一级）行业主管部门执行听证流程的听证价。收费标准若高于该听证价则应重点审查，开展听证；收费标准若低于该听证价则简化听证流程。

2.5　投资者视角下的公路收费定价需求

2.5.1　投资可行性要素分析

1）不同收益水平下的收费标准分析

从投资者视角审查投资项目是否具备投资潜力，主要关注项目投资收益情况。根据项目本身收益的形成过程大致可分为四个阶段，分别为现金流不断裂、有现金流可分配、满足投资合理收益、尽快回收投资，如图2-6所示。

第 2 章　经营性公路收费定价政策及需求

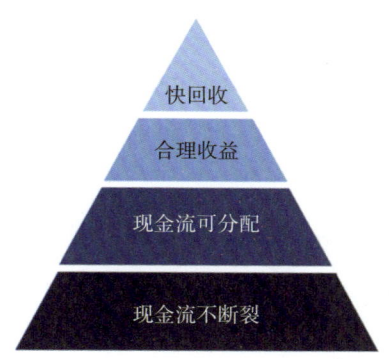

图 2-6　项目收益形成的四个阶段

现金流不断裂是指项目在运营过程中收入大于等于支出的情况，在运营过程中能够维持基本的资金周转。此为项目运营公司不破产的前提条件。若在项目运营过程中资金链断裂，就会失去基本的生存能力。如果公路建设项目无法保障运营期的资金平衡，则现阶段不具备实施条件。现金流不断是项目能够实施的基本前提。

现金流可分配是指项目在运营过程中，收入不仅能够覆盖支出，还能保障有一定的现金流可作为利润分配。若项目运营过程中仅能维持现金流不断，但无法保障有现金流可分配的情况下，项目投资者无法将前期投资回收。项目在运营过程中有现金流可分配是项目具备投资可行性的基本条件。

合理收益是指项目有现金流可分配的情况下还能满足投资者合理收益的需求，项目具备一定的投资吸引力。若项目仅能满足现金流可分配而无投资收益，则投资者的投资动力不足，项目无法做到真正的市场化引资。因此，项目具有投资合理收益是真正市场化融资引资的条件。

项目在满足合理收益的条件下，还能满足投资者快速回收投资本金的需求，项目投资吸引力较强，能够做到真正的市场化竞争。项目具备前期投资快回收的能力是各投资公司进行充分市场化竞争的前提。

若是同一个项目，在交通量不受收费标准的影响下，上述四个阶段所对应的是由低到高四个不同的收费标准。新疆公路收费定价常出现的情况是现金流可分配对应的收费标准和合理收益对应的收费标准，从项目全生命周期的现金流来看，现金流可分配的收费标准对应的收入 2、合理收益的收费标准对应的收入 1 和项目支出情况如图 2-7 所示。

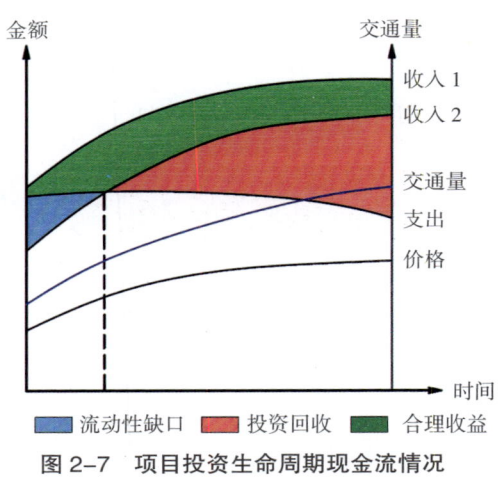

图 2-7　项目投资生命周期现金流情况

从投资者角度来看，收入和支出之间的差值越大，项目的效益越好，表现在图中为收入线与支出线之间的高差。图 2-7 中收入 1 是合理收益对应收费标准的收入情况，此收费标准下项目全生命周期的收入均大于支出，现金流较为充裕，项目在此收费标准情况下能够吸引投资者。若某个地区不同的项目都能满足上述情况，则说明该地区公路投资市场化条件成熟。

在满足项目现金流可分配情况下对应的收入 2 而言，由于前期具有现金流缺口，需要进行流动性资金支持。此部分资金可由投资人筹措或政府提供支持，保障项目度过交通量培育阶段。当收入与支出相等时，此后为项目产生净收入阶段，此阶段为项目进行建设投资回收及流动性投入回收时期。收入 2 情况下投资者前期部分时间段无投资收益，仅能通过后期经营来保证项目前期投入资金的回收。此情况仅为项目具备可实施性的条件，但市场化投资吸引能力较差，通常由地方政府安排所属平台型企业完成长周期投资建设回收。

就市场环境与政策条件而言，目前新疆在定价过程中，行业主管部门往往站在民生角度。为了使收费公路发挥更大的社会效益，执行的收费标准低于西部的平均水平。同时加上新疆位于全国收费公路网的末端，收费交通量低于其他省份，多数项目仅能保证运营期现金流平衡。随着路网建设转向路网加密，新疆交通量大、收费效益较好的新增项目逐渐减少，未来多数项目不具备良好的市场化条件。同时，早期投资建设的干线项目逐步步入交通量成熟期，项目交通量和收入强度及收益会有一定程度改善，但也有可能面临新一轮公路扩建的投资压力。

2）基于投资可行性的收费标准发展趋势与应对措施

结合新疆多年来收费标准不断变化的经验，未来随着通货膨胀、物价水平上涨及出行者可接受水平的不断提升，收费标准具备一定的周期性阶梯上调空间，可以预测项目收费标准趋势如图 2-8 所示。

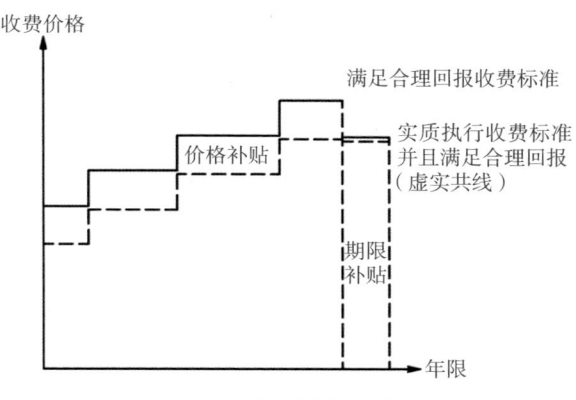

图 2-8 项目收费标准趋势

图 2-8 中实线为满足投资者合理回报情况下应制定的收费标准，虚线为实际执行的收费标准（满足现金流可分配）。为缓解新疆公路使用者对收费标准承受能力与投资者追求合理投资收益之间的矛盾，可采取延长收费期限、逐步提高收费标准等方式，促使新疆高速公路投资向更加成熟的市场化发展。

若项目在每次调价时执行的收费标准均低于投资者合理回报所需要的收费标准，运营期满后企业仍无法满足投资合理收益需求。此时可适当延长收费期限，以时间换取价格空间。通过延期收费虽然无法达到项目快回收要求，但政策及时到位还是能够保障项目的稳定收益，符合部分投资者低风险、长周期的投资要求，具备一定的投资吸引力，如图 2-9 所示。

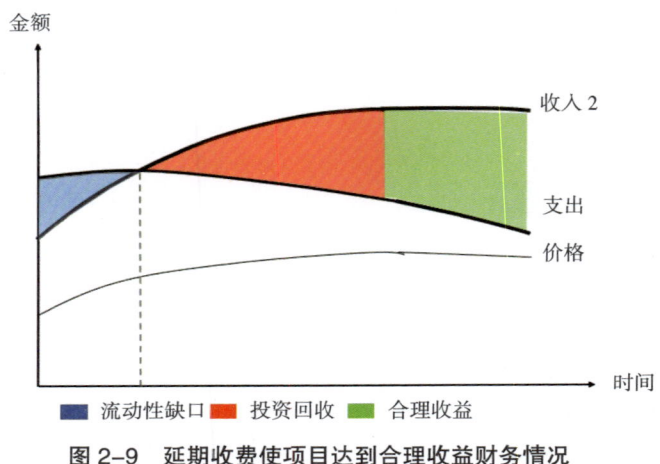

图 2-9　延期收费使项目达到合理收益财务情况

2.5.2　养护运营管理成本分析

目前政府收费公路模型中考虑的项目经营成本主要来源于项目工程可行性研究报告中相关数据。现实中，新疆收费公路实际经营成本支出与工程可行性研究报告中的数据差异较显著。为保障项目建设运营的可持续性，从投资者角度出发，首先应合理优化经营成本，确保政府收费公路模型中关键指标的准确性。此外，制定收费标准时，应充分考虑项目前期的现金流短缺及关联的财务费用增加情况。

1）收费公路养护运营成本影响因素分析

收费公路养护运营管理成本是收费公路主要支出之一。收费公路运营成本主要由日常养护费用、大修费用（或改造）、管理费用等构成。日常养护费用、大修费用与项目等级及项目所处地理环境密切相关。管理费用主要包括项目管理人员、收费站及养护工区等服务设施人员费用支出。

收费公路运营成本中,人员费用是可控成本中占比最大的部分,新疆区域一般超过该项总成本的50%。目前收费标准制定过程中对经营成本中的人员费用的估算往往是按一定的工资薪金标准进行测算,并未考虑项目当地的实际收入水平和经济增长状况。除人员费用以外,养护费用(包括日常养护和大修费用)也缺乏系统的调研分析总结,导致形成经营成本与实际偏差较大。

2)数据收集及样本描述性统计

本书收集了新疆维吾尔自治区21条高速公路项目2014—2018年的高速公路养护运营管理成本统计表,主要数据包括收费里程、初始建设总投资、各类养护成本、运营管理成本和运营管理人数等。对数据的初步分析统计结果表明:

(1)通过对综合养护成本(不含大中修)和运营管理成本统计分析发现两类支出总体相近,即在收费公路日常养护经费支出与管理运营支出所占比例一致(图2-10)。

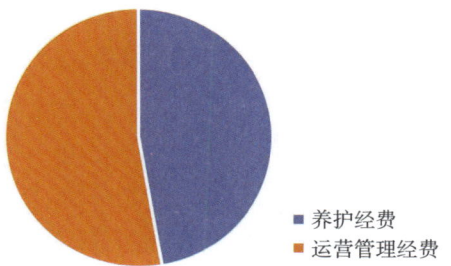

图2-10 总体经费占比

(2)运营管理支出包含人员成本、办公消耗支出和其他管理支出。其中,人员成本包含管理人员成本、后勤人员成本和收费人员成本。总体来看,人员成本是总体运营管理成本的主要支出,占总运营管理成本的84%。其中,由于人员数量占比大,收费人员成本占比最多;办公消耗支出占总运营管理成本的7%,其他管理支出占比为9%(图2-11)。

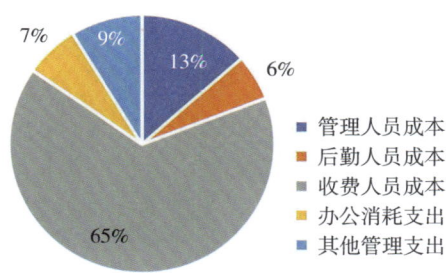

图2-11 运营管理支出

3）新疆地区养护运营管理成本分析

（1）新疆维吾尔自治区收费公路养护、运营管理成本费用支出分析（表2-8）。通过对新疆维吾尔自治区养护、运营管理成本数据的统计分析，以及对各分项进行描述性统计分析，总体上可得出以下结论：

① 新疆收费公路单千米综合养护成本（除大中修之外与养护相关的全部支出）的区间值为［14.90，26.98］（单位：万元，下同）。由于地形多样、气候多变，不同项目之间养护支出跨度较大。

② 人员成本方面，新疆收费人员成本（包含五险一金支出）区间值为

表2-8　养护运营管理成本测算总结

	个案数/个	最大值/万元	平均值/万元		标准差/万元	方差/万元
	统计	统计	统计	标准误差	统计	统计
总养护成本	66	20 502.09	4 598.068 9	602.297 34	4 893.086 7	23 942 297.7
单千米综合养护成本	66	165.02	20.939 3	3.024 23	24.568 94	603.633
总运营成本	66	11 094.22	3 761.352 8	299.414 42	2 432.454 2	5 916 833.524
单人综合运营成本	66	14.51	8.963 9	40 069	3.255 24	10.597
单千米综合运营成本	66	66.92	20.265	1.877 29	15.251 21	232.599
单千米运营人数	66	7.47	2.312 7	19 960	1.621 57	2.628
单人管理人员成本	66	16.03	7.488 1	46 688	3.792 98	14.387
单人收费人员成本	66	14.18	8.075	35 998	2.924 5	8.553
有效个案数（成列）	66					

[7.36，8.79]，各个项目收费人员工资较为均衡；管理人员成本区间值为[6.56，8.42]，分布也较为平均。

③ 新疆收费公路单千米综合运营成本（包含人员成本、办公消耗支出和其他支出）的区间值为[16.52，24.01]。由于运营成本支出主要由人员成本构成，而不同区域间人员收入差别较大，故导致单千米综合运营成本的区间值跨度较大。

（2）南疆四地州、北疆高速公路养护、运营管理成本费用支出分析。分别对南疆四地州、北疆的养护、运营管理成本展开分析以及对各分项进行单样本T检验，总体上可得到以下结论：

① 南疆四地州单千米综合养护成本的区间值为[9.19，19.39]，极值区间较大，说明南疆公路道路现状技术等级、路面现状等相差较大。北疆单千米综合养护成本的区间值为[15.53，32.56]，极值区间较南疆更大，这与北疆公路里程较多、技术等级相差大均有一定的关系。

② 南疆四地州单千米综合运营成本的区间值为[11.07，21.36]，北疆单千米综合运营成本的区间值为[17.18，27.13]。南北疆单千米综合运营成本极值区间都较大。说明新疆各公路项目的运营时间、技术等级、路面现状等差异较大。

③南疆四地州收费人员成本的区间值为[6.21，9.58]，北疆收费人员的区间值为[8.58，10.35]。说明不同区域、不同项目的人员工资水平相差不大，较为均衡。各分项计算结果详见表2-9。

总体来看，北疆的养护运营管理成本普遍高于南疆四地州，两区域的区间值上下限差值基本一致。即不同区域收费公路养护运营管理成本虽然区间值不同，但上下浮动的范围均相同，既有明显地域特征规律，更有项目自身特点区别。见表2-10。

上述养护运营管理数据是在新疆公路管理机构（事业单位）运营管理时期、道路属性为政府收费路背景与实行收支两条线制度等三个大背景下所形成的长期历史数据。新疆交投类企业于2020年承接全疆高速公路，由于承接时间至今仅3年时间较短，尚未形成系统性历史数据。

表 2-9 南北疆养护运营管理成本测算结果

所在区域(1-南疆;2-北疆)		总养护成本/万元	总运营成本/万元	单千米综合养护成本/万元	单人综合运营成本/万元	单人收费人员成本/万元	单人管理人员成本/万元	单千米综合运营成本/万元	单千米运营人数
1	平均值	3 930.203 6	4 126.437 5	14.287 5	7.892 6	7.468 7	5.807	16.217 7	2.121
	个案数	21	21	21	21	21	21	21	21
	标准差	3 206.346 78	3 075.670 31	11.205 28	3.697 14	3.148 95	3.584 4	11.300 82	1.081 84
2	平均值	4 909.739 3	3 590.98	24.043 4	9.463 9	8.357 9	8.272 6	22.153 7	2.402 1
	个案数	45	45	45	45	45	45	45	45
	标准差	5 512.172 48	2 085.087 68	28.349 36	2.938 97	2.805 38	3.665 36	16.555 88	1.823 95
总计	平均值	4 598.068 9	3 761.352 8	20.939 3	8.963 9	8.075	7.488 1	20.265	2.312 7
	个案数	66	66	66	66	66	66	66	66
	标准差	4 893.086 72	2 432.454 22	24.568 94	3.255 24	2.924 5	3.792 98	15.251 21	1.621 57

表 2-10 南北疆分区域单样本 T 检验结果

所在区域 （1-南疆；2-北疆）		t	自由度	显著性 （双尾）	检验值=0		
					平均值差值	差值95%置信区间	
						下限	上限
1	总养护成本/万元	5.617	20	0	3 930.204	2 470.692	5 389.715
	总运营成本/万元	6.148	20	0	4 126.438	2 726.409	5 526.466
	单千米综合养护成本/万元	5.843	20	0	14.287 5	9.186 9	19.388 1
	单人综合运营成本/万元	9.783	20	0	7.892 56	6.209 6	9.575 5
	单人收费人员成本/万元	10.869	20	0	7.468 72	6.035 3	8.902 1
	单人管理人员成本/万元	7.424	20	0	5.806 99	4.175 4	7.438 6
	单千米综合运营成本/万元	6.576	20	0	16.217 69	11.073 6	21.361 8
	单千米运营人数	8.985	20	0	2.121 03	1.628 6	2.613 5
2	总养护成本/万元	5.975	44	0	4 909.739	3 253.699	6 565.779
	总运营成本/万元	11.553	44	0	3 590.98	2 964.55	4 217.41
	单千米综合养护成本/万元	5.689	44	0	24.043 4	15.526 3	32.560 5
	单人综合运营成本/万元	21.601	44	0	9.463 87	8.580 9	10.346 8
	单人收费人员成本/万元	19.985	44	0	8.357 9	7.515 1	9.200 7
	单人管理人员成本/万元	15.14	44	0	8.272 63	7.171 4	9.373 8
	单千米综合运营成本/万元	8.976	44	0	22.153 68	17.179 7	27.127 6
	单千米运营人数	8.835	44	0	2.402 14	1.854 2	2.950 1

2.5.3 项目生存模式下收费标准定价方法

对于政府收费公路，当前的政府收费公路模型主要基于工程可行性研究报告阶段的预测交通量、建设投资及融资（债券）规模、经营成本等数据，得出一定期限内基于项目自身生存及还贷（债）能力的收费标准。另外，政策允许政府收费公路实行统贷统还，间接起到以丰补歉的财政补贴作用。对于经营性收费公路，基于当前的政府收费公路模型还需考虑项目公司的税费及投资者自有资金的合理收益，考虑全生命周期（20~30年）基于项目自身生存、还贷及合理收益条件的收费标准。相对应的是，政策尚不允许经营性收费公路实行统贷统还，但部分省区交投类国资企业仍采用"统贷统还"统筹模式；无论政府收费公路或经营性收费公路，当前政府收费公路模型计算得到的收费标准都是考虑项目全生命周期（20~30年）下相对较低的收费标准，没有明确动态调整价格机制政策。这种方法存在一定不足，即长周期下的收费标准可能无法满足项目当期（如近3年）生存。因此，本书参照自新疆发改委目前基于公路成本的收费标准测算方法提出"项目生存模式下的收费标准"概念。

1) 项目生存模式的定义

项目生存模式指项目净利润为零的状态。根据净利润＝营业收入－总成本费用－税金及附加、总成本费用＝经营成本＋折旧＋摊销＋利息，生存模式下的净利润＝营业收入－经营成本－折旧－摊销－利息－税金及附加＝0，即营业收入＝经营成本＋折旧＋摊销＋利息＋税金及附加。

2) 生存模式下收费标准的计算

考虑到经营性公路是基于政府收费公路模型开展的成本费用计算，具体如下：

（1）对于政府收费公路。由于不涉及折旧摊销及相关税费，根据项目生存模式定义即净利润为零，即营业收入＝经营成本＋利息，满足生存模式的收费标准＝（经营成本＋利息）/（有效交通量×收费里程）。其中：贷款本息占比大，其偿还计列方式对收费标准的测算影响最大。由于政府收费公路的投资主体实力，相对贷款银行等金融机构而言有很强的议价和展期能力，现实操作中，一般按照收费收支情况动态调整贷款本息额度，造成收费标准定价空间大的假象。实际上，这是不符合市场配置资源规律的，也不利于市场体系的建设，容易造成债务风险积聚。从全国收费公路统计公报可以看出，通行费收支存在巨大缺口。

（2）对于经营性收费公路。根据项目生存模式定义即净利润为零，即营业收入＝经营成本＋折旧＋摊销＋利息＋税金及附加，满足生存模式的收费标准＝（经营成本＋折旧＋摊销＋利息＋税金及附加）/（有效交通量 × 收费里程）。

关于折旧摊销：由于经营性收费公路本质是企业或道路投资者获得一定期限内项目的收费权、经营权等权益，在会计记账中以无形资产计列，对于经营性收费公路一般仅需根据资产原值按一定方式计列摊销。常用的摊销方式有平均折旧法和按工作量折旧法。由于平均折旧法是将资产原值在收费期限内平均摊销，导致总成本费用在前期支出较高。实际收费公路前期处于培育期，交通量较小，若采用平均折旧法将提高总成本费用，引起生存模式下的收费标准较高，反倒不利于交通量的培育与增长。因此，遵循公路交通量发展客观规律，对于经营性收费公路生存模式下的收费标准以按工作量折旧法为基础计算。

关于税金及附加，公路建设项目一般由于建设期形成的固定资产进项税在运营期内需一段时间才能完成抵扣，一般不会产生增值税及其他相关附加税。因此，项目生存模式下的收费标准计算时不考虑税金及附加项。

经过上述分析，对于经营性收费公路，满足项目生存模式的收费标准＝［经营成本＋摊销（按工作量法）＋利息］/（有效交通量 × 收费里程）。

2.6 道路使用者视角下的收费定价需求

2.6.1 使用者接受度、敏感度分析

收费公路的使用主体是民众个体和运输企业，道路使用者在出行时会

有多条路径的选择。收费公路具有出行时间短、路段路况好、服务质量好、出行里程短但收取通行费的特点；普通公路出行用路成本低但出行时间长，出行里程长，间接成本大。因此，道路出行者往往会受到道路因素、出行特性、车辆特性、个人属性和出行心理等多方面的影响，即出行者并不一定选择最短路径，而会选择个体认为的最优路径。

1）民众对收费价格的接受度敏感度分析

机动车驾驶员选择道路出行时，往往会根据个人相关需求及自己对道路通行费用等路径信息的掌握情况，在高速公路和普通国、省道的多种道路方案中选择路径出行。因此，有必要对机动车驾驶员在多种道路出行方案的道路路径选择行为进行分析。首先，根据对高速公路收费价格接受度、敏感度调查问卷确定车辆公路路径选择影响因素，同时考虑到机动车驾驶员对于出行时间和出行费用的敏感度，构建公路路径选择的非集计 MNL 模型。其次，依据对收费公路价格接受度、敏感度调查问卷选取观测变量、潜在变量以及显性变量，借鉴满意度导向模型，构建收费公路价格满意度的结构方程理论模型，利用 AMOS 绘制出模型图的同时，对模型中主要路径的相关关系提出假设。最后，运用实际的调查数据对 MNL 模型和结构方程理论模型进行检验。

（1）在对出行者高速公路价格敏感度、接受度分析中，其数据采用问卷调查的方式来进行获取。调查时间为 2020 年 12 月 9—15 日，问卷投放区域为新疆全区。进行数据调查后，共收到问卷 1 117 份，删除 IP 地址相同以及回答内容有逻辑性错误的无效问卷后，共得到有效问卷 703 份，并从问卷调查平台得到相关的统计数据。对数据的初步分析统计结果表明：

① 通过对调查问卷数据的统计，受访者的家庭人均可支配收入如图 2-12 所示。受访者家庭人均可支配收入不足 2 500 元/月的有 87 人，2 500 ~ 5 000 元的有 320 人，5 000 元以上的有 296 人；受访者家庭人均可支配收入以 2 500 ~ 5 000 元和 5 000 元及以上两个区间为主，分别占 45.52% 和 42.11%，表明受访者家庭的整体收入水平合理，保证了问卷结果的可靠性。

第 2 章 经营性公路收费定价政策及需求

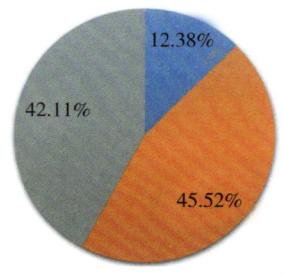

■ 不足 2 500 元　■ 2 500~5 000 元　■ 5 000 元及以上

图 2-12　受访者收入水平

② 驾驶总里程分布。通过对调查问卷数据的统计，有驾照人群的驾驶总里程分布如图 2-13 所示。在有驾照人群中，驾驶总里程在 1 万千米以内有 163 人，占比 17.87%。1 万千米以上的占比 82.13%，其中，驾驶里程 10 万千米以上占比最高，达到 33.61%。统计结果表明，大部分受访者的驾驶经验较为丰富，问卷所反映的数据具有可靠性和普遍性。

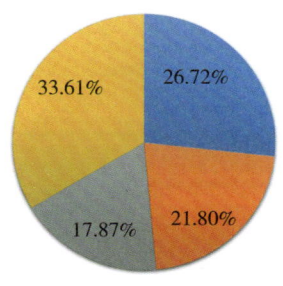

■ 1 万千米以内　■ 1 万~5 万千米　■ 5 万~10 万千米　■ 10 万千米以上

图 2-13　有驾照人群驾驶里程分布

③ 使用车型分布。通过对调查问卷数据的统计，有驾照人群的使用车型分布如图 2-14 所示。其中，驾驶家用轿车的有 523 人，客车为 37 人，货车为 10 人，其他车型为 40 人。驾驶家用轿车人数占比达到 85.74%，此比例与全疆全样本车型比例基本一致，问卷具有代表性，且和本研究目的一致。

73

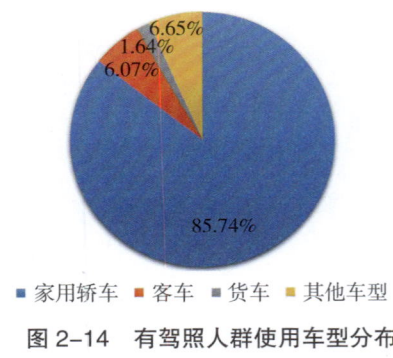

图 2-14 有驾照人群使用车型分布

④ 收费公路出行频次。通过对调查问卷数据的统计,收费公路月出行频次的分布如图 2-15 所示。其中未出行的有 141 人,占比 23.1%。其余 76.9% 的受访者都至少有一次出行。其中,出行次数为 1 次和 2 次的占比最多,分别占比 25.74% 和 18.7%。此结果表明,大部分受访人员经常使用收费公路。此次问卷调查对象具有代表性,保证了问卷数据分析结果的有效性和适用性。

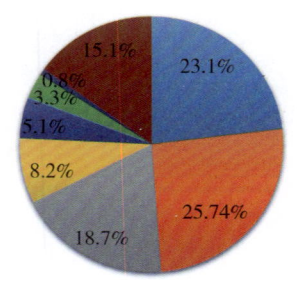

图 2-15 有驾照人群收费公路出行频次分布

(2)出行路径行为决策分析。通过对南北疆调查问卷数据,使用 SPSS 软件对其进行了二元 Logit 回归分析,建立了新疆地区出行者的出行路径选择和出行选择概率的模型,得到如下结论:

① 在相同的外界环境和设施情况下,女性选择收费出行的可能性是男性的 1.332 倍。这与女性的生理、心理特性有关——相比男性,女性更愿

意选择路况好、速度快、时间短的出行方式,女性对舒适度的要求高于男性,对经济因素的考量低于男性。

② 随着年龄的增长,出行者对选择收费出行的热衷度明显下降。这是因为年轻人追求的是高效率和高舒适度。而随着年龄的增长,人们对出行速度需求变少,对出行成本的考虑较多。

③ 驾龄越高,出行者越愿意选择收费公路出行。当驾龄每增加一年,出行者选择收费公路出行的可能性是前一年的 1.036 倍。说明出行者随着驾驶年龄的增加和驾驶经验的丰富,对高速出行的需求变大。

④ 出行者驾驶里程越高,越愿意选择收费公路出行。当驾龄每增加一万千米,出行者选择高速公路出行的可能性是原来的 1.089 倍。说明随着驾驶里程的增加,出行者对出行的便捷性、舒适度需求都有所增加,因此选择高速出行的比例提高。

⑤ 相比驾驶其他车型出行者而言,驾驶客车的出行者更愿意选择收费公路出行。与货车司机相比,驾驶客车的出行者对费用敏感度较低,且对舒适度和便捷度要求更高。因此,这一群体中选择收费公路出行的比例最高。

⑥ 随着天气情况的转变,北疆出行者更热衷于选择收费公路出行。恶劣天气下,尤其是雪寒天气,国道因技术等级、交通组成等原因,出行环境受到较大影响,此时出行者对出行的安全性需求大大提高,收费公路出行的比例增加。

⑦ 非节假日收费公路出行的概率远高于节假日。这与人们的出行目的有关,非节假日出行者出行以市内、短途通勤出行为主,收费公路使用率较低。节假日出行者以出游为目的的出行比例大大增加。因此,非节假日人们选择高速出行的概率是节假日的 5.643 倍。

⑧ 随着出行时间增加,出行者更愿意选择收费公路出行。出行时间增加 1 分钟,选择收费公路出行人们的概率变为原来的 1.004 倍。这是因为速度比较快,人们可以获得更高的体验度。

⑨ 随着出行燃油费的增加,出行者更愿意放弃并行国道或者省道干线出行。燃油费每增加 1 元,人们选择高等级公路出行的概率变为原来的

1.014 倍。这是因为燃油费增加，但是出行时间与普通公路相比可能并没有太多的变化，所以选择高等级公路出行性价比高。

⑩ 随着拥堵程度逐渐增加，出行者更乐于选择收费公路出行。这是因为在交通拥堵的情况下，出行者对出行通畅性和舒适度需求增大。

（3）出行者感知行为及行为意向分析。通过调查问卷样本数据，对于感知价格、感知质量、感知价值、满意度、行为意向 5 个方面的潜变量进行，运用 AMOS 软件构建结构方程模型，发掘出行者心理潜变量之间的结构关系，得到如下结论：

通过样本的总体数据以及南北疆样本数据的初步分析及对比，南北疆在家庭月人均可支配收入上存在较大的差距，南疆地区整体收入情况较北疆地区低。

由图 2-16 和图 2-17 可知，在影响公众行为意向的因素中，从感知质量对感知价值的影响可以看到，北疆样本中，此路径系数为 0.85，南疆地区为 0.82，说明北疆地区公众更注重收费公路的形式品质和服务质量，从而间接影响到感知价值对行为意向的影响。北疆地区数据样本中，感知价格对于感知价值的路径系数为 －0.07；而南疆地区数据样本中，同样的路径系数为 －0.16。而从感知价格对满意度的路径系数可以发现，北疆地区为 －0.10，而南疆地区为 －0.17。说明南疆地区公众对于价格的影响更为敏感，从而对满意度对公众行为意向的选择造成影响。

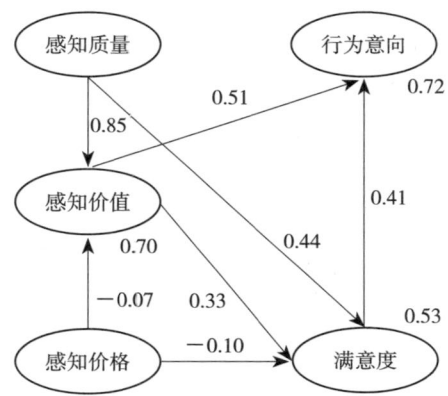

图 2-16　北疆地区数据标准化回归结果

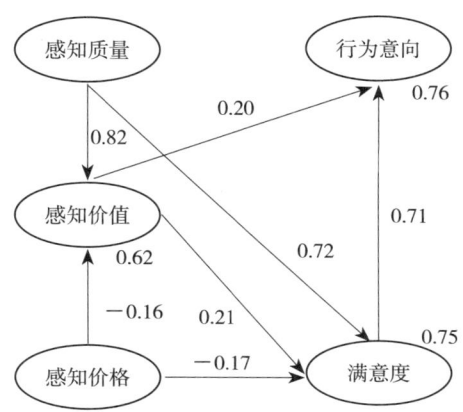

图 2-17　南疆地区数据标准化回归结果

感知价格、感知质量、满意度、行为意向对出行者选择出行路径的决策有一定的作用。出行者在这些心理作用下，选择高速出行的可能性分别为 0.955 倍、1.048 倍、0.924 倍、1.281 倍。其中，行为意向对北疆出行者选择出行路径的决策影响最大。

通过对收费价格接受度、敏感度调查问卷样本数据，对南北疆出行者的敏感度、满意度进行分析，主要得到以下结论：

① 出行者自身因素（包括性别、年龄、驾龄等）的不同，对出行者的路径选择也不相同。其次，节假日、天气等环境因素不同，出行者的选择也不同。

② 驾驶里程对收费公路出行选择具有较大的影响。随着驾驶里程的增加，出行者更愿意选择高速公路出行。

③ 客车或营运类汽车司机为追求时间效率，更愿意选择收费公路出行。出行时间长短对于收费公路选择具有一定影响。随着出行时间增加，人们更愿意选择高效率的高速公路出行。

④ 燃油费用对于收费公路选择具有负向影响。随着出行燃油费的增加，人们更愿意选择国道或者省道干线免费公路出行。

⑤ 拥堵程度对于收费公路具有一定影响。随着拥堵程度逐渐增加，出行者更愿意选择高速出行。

⑥ 感知价格、感知质量、满意度、行为意向对北疆司机选择出行路径的决策有一定的作用。感知质量是影响满意度的首要因素，感知质量是影响感知价值的首要因素，感知价值为影响公众行为意向的主要因素，满意度为影响公众行为意向的次要因素。

⑦ 在南北疆差异上，北疆地区公众在出行时更注重行驶时的质量和收费公路的服务质量，而南疆地区公众在出行时更加注重价格的影响。北疆高速公路定价最高为原定价的1.3倍时，预期符合公众价格承受能力范围。南疆高速公路定价最高为原定价的1.2倍时，预期符合公众价格承受能力范围。

通过对新疆地区出行者的收费公路路径选择及满意度调查建模分析，针对公路收费费率提出如下政策建议：

① 在当前收费费率基础上，北疆地区高速公路收费费率建议调整范围可以为当前收费费率的1.2~1.3倍；

② 在当前收费费率基础上，南疆地区高速公路收费费率建议调整范围可以为当前收费费率的1.1~1.2倍。

针对南北疆公众的收费公路满意度建模情况，提出如下政策建议：

① 完善新疆地区公路服务设施，构建以收费公路使用者为核心的服务体系；

② 提升新疆地区收费公路管理和信息化水平，增强高速公路使用者的驾驶体验；

③ 在充分调查研究的基础上对收费公路收费费率进行定价，并公开宣传告知，确保公众的知情权和建议权；

④ 组建专业的收费公路维护团队，确保收费公路设施的日常安全性、完备性、便捷性和高效性。

2）运输企业对收费价格的敏感度分析

对收费公路货运企业而言，使用收费公路所产生的通行费并非由直接使用者（货运企业）承担，货运企业会将产生的成本通过价值流转转移到所运输的实体产品中，消费者通过对实体产品与服务的消费成为通行费的最终承担方。收费标准的降低或升高并不会导致使用者出行方式的改变，但是实体产业环节会对收费公路收费标准变化产生较强的反应，可以变相说明最终使用者主体的价格弹性较大，而直接使用者主体的价格弹性较小。

结合运输企业的调查数据分析通行费、燃油费等主要成本占道路运输企业成本的比重，分析新疆通行费标准与运输企业收益率的敏感性，采用定量及定性相结合的方法分析通行费对新疆运输企业的影响。

（1）对公路收费价格对运输企业的影响研究不能仅仅从运输企业的成本出发，还需要考虑收费公路的运营主体、运输企业及国民经济的内在经济联系，才能准确分析目前通行费水平的合理性及其带来的影响。

（2）由于运输价格与价值偏离，并且运输价格低于运输成本，最终导致运输企业的收益水平不合理的原因反映为通行费水平过高。从这个角度可以得出，导致通行费水平高的主要原因是不合理的运输价格，而非运输成本问题。

（3）运输企业的通行费成本具有合理性。收费公路开通后，很多运输企业从普通公路转移到收费公路，说明通行费所增加的数量小于其他成本减少的数量，但是并非所有的运输企业均选择收费公路，也说明有些运输企业的成本不能满足上述约束，如果过多地降低通行费成本，就会使其他成本出现上升反弹，最终增加总成本，这样收费公路也就失去了其应有的意义。由此可以说明，运输企业的成本，尤其是收费公路通行费的产生具有合理性。

（4）依靠公路收费制度实现公路交通快速发展，通过高效率、高质量的通行服务降低运输成本，扩大资源配置的市场范围，对优化资源配置起到正向促进作用。通行费的存在具有一定的负向阻碍作用，但在特定的经济发展阶段、技术与制度条件下，通行费用存在具有合理性。需要制定合适的收费标准从而最大限度满足运输需求，保证数量与品质方面的双重满足，在服务质量与时效条件下，实现"宜公则公、宜铁则铁、宜空则空"。

运输企业不同收费标准的公路投资回报率见表2-11、表2-12。

表 2-11 不同收费标准的公路投资回报率（货运企业）

收费标准变化 /%	调整后的收费标准 / 元	投资回报率 /%
70	0.60	0
60	0.56	1
50	0.53	3
40	0.49	4
30	0.46	6
20	0.42	8
10	0.39	9
0	0.35	11
−10	0.32	13
−20	0.28	15
−30	0.25	17
−40	0.21	19
−50	0.18	21
−60	0.14	23
−70	0.11	25
−80	0.07	27
−90	0.04	30
−100	0.00	32

表 2-12 不同收费标准的公路投资回报率（客运企业）

收费标准变化 /%	调整后的收费标准 / 元	投资回报率 /%
206	1.07	0
200	1.05	1

（续表）

收费标准变化/%	调整后的收费标准/元	投资回报率/%
190	1.02	1
180	0.98	2
170	0.95	3
160	0.91	4
150	0.88	4
140	0.84	5
130	0.81	6
120	0.77	7
110	0.74	8
100	0.70	8
90	0.67	9
80	0.63	10
70	0.60	11
60	0.56	12
50	0.53	13
40	0.49	14
30	0.46	15
20	0.42	16
10	0.39	17
0	0.35	18
−10	0.32	19
−20	0.28	20
−30	0.25	21
−40	0.21	22

（续表）

收费标准变化 /%	调整后的收费标准 / 元	投资回报率 /%
−50	0.18	23
−60	0.14	24
−70	0.11	25
−80	0.07	26
−90	0.04	27
−100	0.00	29

以私家车为主要构成的客车对收费标准不敏感，即随着公路收费标准的提高，客车接受度不会表现出明显的下降趋势，说明私家车主更加在意出行时间、安全性和舒适度，收费公路对客车的吸引力在一定范围内不会随着收费标准的升高而显著降低。而货运企业对收费标准的敏感性较高，货车由于运距长、运输成本高，收费标准的变化对货车是否选择付费出行具有显著影响。综合考虑上述因素，将出行费用、出行时间、出行安全性、出行舒适度等方面综合量化为广义费用，并将之和其他出行备选路径进行比较，最终站在使用者角度采用级差效益理论即服务价格–用户收益测算高速公路收费标准区间。

2.6.2　级差效益理论介绍

级差效益理论最初被提及是在经济学理论中被用来分析土地地租的，讲的是同样面积的土地由于投入、所在区域等因素的不同，会产生不同的价值，就产生了级差地租。

收费公路的级差效益是指出行者由于使用收费公路而获得的比使用普通公路节约的成本以及旅途享受等效益，它直接影响着合理收费标准的制定。收费公路具有普通公路无法比拟的优越性。它节约了收费公路使用者花费的时间，缩短了旅行的距离，同时减少了汽车油耗、磨损，使出行更加安全、更加舒适。级差效益的存在是收费公路的理论支撑，是实行收费政策的前提条件。实施收费政策符合"谁收益、谁承担"的公平原则,同时收取适当的费用有利于缓解当前我国经济发展对基础设施的需求与基础建设资金不足的矛盾。

级差效益需要有与之并行的等级较低的公路相对比。使用者在级差效益的背景下对使用不同级别道路的效用与成本进行综合评判,最终选择效益最优的路径。不同的道路使用者有着不同的评价尺度,有的比较看重运行成本,有的追求时间最短,还有的享受收费公路带来的舒适、安全等服务。一般情况下,级差效益越高,对道路使用者的吸引力就越大,从普通公路转移到收费公路上的车辆也就越多,在政府指导价格的约束下,收费费率也相应地降低。

从微观经济学角度来看,通行城市相同的并行公路彼此间属于替代性产品,若某条公路收费过高,压抑了用户的支付意愿,则表明出行者本应享受的级差效益都被经营者剥夺,车流量将直接转移到替代性公路,直接导致项目运营收入的降低。因此,级差效益值应在企业经营者及道路使用者双方之间均衡分配,并且由于级差效益分享度的取值直接影响通行费的价格区间,则收费公路通行费的标准应小于等于出行者在收费公路项目中所享效益的一定比例。通过级差效益模型,可确定收费标准的区间值。

2.6.3 级差效益分类

收费公路级差效益表现为有无项目时,运输总费用以及项目带来的净效益的差,一般将其分为直接效益和间接效益。直接效益主要包括运行成本降低、行车事故减少、运输生产率提高等效益。间接效益表现在公路带动了当地区域经济发展,提升当地产业水平等方面。

直接效益往往是吸取道路出行者选择收费公路出行的原因,而间接效益由于难以量化、短期难以看到成效,往往不被出行者所关注。因此,本书重点从直接效益方面来对级差效益进行分析。一般来说,出行者主要考虑以下三方面的因素:

(1)出行总时间和在途时间:在途时间是指出行者采用某种交通方式

在道路上花费的时间，出行总时间不仅包括在途时间而且包括出行准备时间和到达准备时间，是三者的总和，相对来说，出行者更加注重出行的总时间；

（2）车辆出行成本。车辆出行成本是指选择某条路线带来的车辆费用总和，包括燃油费、通行费、轮胎磨损、维修费以及由于道路拥挤带来的阻塞成本等。

（3）出行的安全性。随着生活品质的提升，出行者在选择路线时越来越多地考虑出行的安全性。

按照"谁受益，谁负担"的公平原则，收费公路使用者应该按照驾驶不同类型车辆获得的效益来支付通行费。一般应将级差效益作为收费费率的上限值，制定收费标准时，应科学界定并合理地衡量道路级差效益。

2.6.4 级差效益计算方法

根据《公路建设项目评价方法与参数》，公路建设项目的经济效益 B 是指项目对国民经济所做的贡献，分为直接效益和间接效益。一般只计算直接效益，并通过"有无对比法"来确定。

直接效益（B）包括公路使用者费用节约和原有相关公路维护费用节约。其中，公路使用者费用节约主要有拟建项目和原有相关公路的降低运营成本效益（B_1）、旅客在途时间节约效益（B_2）和拟建项目减少交通事故效益（B_3）。

1) 降低营运成本效益（B_1）

此部分效益主要指使用本项目及原有道路使用者的经济效益。新项目的建设，无疑将改善原有公路的交通条件。交通条件的改善，车速将提高，给使用该项目及原有道路的使用者带来汽车运输成本的降低。成本的降低既包括旅客运输，又包括货物运输。根据客、货单位运输成本的降低额、交通量预测值和行驶车辆的构成，即可按下列公式计算出降低营运成本效益。

$$B_1 = B_{11} + B_{12}$$

式中 B_{11}——拟建项目降低营运成本的效益（元）；

B_{12}——原有相关公路降低营运成本的效益（元）。

① B_{11} 的计算公式：

$$B_{11}=\sum 0.5\times(T_{i1p}+T_{i2p})(VOC'_{i1b}\times L'-VOC_{i2p}\times L)\times 365$$

式中 T_{i1p}——"有项目情况下"，拟建项目的分车型正常交通量（辆/日）；

T_{i2p}——"有项目情况下"，拟建项目的分车型总交通量（辆/日）；

i——车型种类；

VOC'_{i1b}——"无项目情况下"，原有相关公路在正常交通量条件下的分车型单位营运成本[元/(车·千米)]；

VOC_{i2p}——"有项目情况下"，拟建项目在总交通量条件下的分车型单位营运成本[元/(车·千米)]；

L'——原有相关公路的路段里程（千米）；

L——拟建项目的路段里程（千米）。

② B_{12} 的计算公式：

$$B_{12}=\sum 0.5\times L'\times(T'_{i1p}+T'_{i2p})(VOC'_{i1}-VOC'_{i2p})\times 365$$

式中 T'_{i1p}——"有项目情况下"，原有相关公路的分车型正常交通量（辆/日）；

T'_{i2p}——"有项目情况下"，原有相关公路的分车型总交通量（辆/日）；

VOC'_{i2p}——"有项目情况下"，原有相关公路在总交通量情况下的分车型的单位营运成本[元/(车·千米)]。

2）旅客时间节约的效益（B_2）

旅客时间节约效益 B_2 计算公式为：

$$B_2=B_{21}+B_{22}$$

式中 B_{21}——拟建项目旅客节约时间效益（元）；

B_{22}——原有相关公路旅客节约时间效益（元）。

（1）B_{21} 计算公式

$$B_{21}=0.5\times W\times E\times(T_{1pp}+T_{2pp})(L/S_{1b}-L/S_{2p})\times 365$$

$$B_{21}=0.5\times W\times E\times(T_{1pp}+T_{2pp})(L/S_{1b}-L/S_{2p})\times 365$$

式中 W——旅客单位时间价值 [元/(人·小时)];

E——客车平均载运系数 (人/辆);

S_{1b}——"无此项目情况"下,原有相关公路在正常交通量条件下的各种车型客车的平均运行速度 (千米/小时);

S_{2p}——"有此项目情况"下,拟建项目在总交通量条件下的各种车型客车的平均运行速度 (千米/小时);

T_{1pp}——"有项目情况"拟建项目的客车正常交通量 (自然数);

T_{2pp}——"有此项目情况"拟建项目的客车总交通量 (自然数)。

(2) B_{22} 计算式:

$$B_{22} = 0.5 \times W \times E \times L'(T'_{1pp} + T'_{2pp})(1/S'_{1b} - 1/S'_{2p}) \times 365$$

$$B_{22} = 0.5 \times W \times E \times L'(T'_{1pp} + T'_{2pp})(1/S'_{1b} - 1/S'_{2p}) \times 365$$

式中 S'_{1b}——"无此项目情况"下,原有相关公路在正常交通量条件下的各种车型客车的平均运行速度 (千米/小时);

S'_{2p}——"有此项目情况"下,原有相关公路在总交通量条件下的各种车型客车的平均运行速度 (千米/小时);

T'_{1pp}——"有此项目情况"下,原有相关公路的客车正常交通量 (自然数,辆/日);

T'_{2pp}——"有此项目情况"下,拟建项目的客车总交通量 (自然数,辆/日)。

3) 减少交通事故效益 (B_3)

减少交通事故效益的计算公式为:

$$B_3 = B_{31} + B_{32}$$

式中 B_{31}——拟建项目减少交通事故的效益 (元);

B_{32}——原有相关公路减少交通事故的效益 (元)。

(1) B_{31} 的计算公式:

$$B_{31} = 0.5 \times (T_{1p} + T_{2p})(R'_{1b} \times L' \times C'_b - R_{2p} \times L \times C_p) \times 365$$

式中 T_{1p}——"有项目情况下",拟建项目的正常交通量 (辆/日);

T_{2p}——"有项目情况下",拟建项目的总交通量 (辆/日);

C'_b——"无项目情况下",原有相关公路单位事故平均经济损失费(元/次);

C_p——"有项目情况下",拟建项目单位事故平均经济损失费(元/次);

R'_{1b}——"无项目情况下",原有相关公路在正常交通量条件下的事故率[次/(亿车·千米)];

R_{2p}——"有此项目情况下",拟建项目在总交通量条件下的事故率[次/(亿车·千米)]。

(2) B_{32} 的计算公式:

$$B_{32} = 0.5 \times (T'_{1p} + T'_{2p})(R'_{1b} \times L' \times C'_b - R'_{2p} \times L' \times C'_p) \times 365$$

式中 T'_{1p}——"有项目情况下",原有相关公路的正常交通量(辆/日);

T'_{2p}——"有项目情况下",原有相关公路的总交通量(辆/日);

C'_p——"有项目情况下",原有相关公路单位事故平均经济损失费(元/次);

R'_{2p}——"有项目情况下",原有相关公路在总交通量条件下的事故率[次/(亿车·千米)]。

(3) 事故率计算公式。参考"PPK 报告",对不同等级的公路,其事故率计算公式如下:

高速公路:$R = -40 + 0.005 AADT$

一级公路:$R = 37 + 0.003 AADT$

二级公路:$R = 133 + 0.007 AADT$

式中 R——事故率[次/(亿车·千米)];

$AADT$——年平均日交通量(辆/日)。

2.6.5 级差效益定价

级差效益模型的公式定义如下:

$$P \leqslant B \times F$$

式中 P——收费标准价格[元/(车·千米)];

B——车辆选择收费公路出行所产生的级差效益 [元/(车·千米)];

F——收费公路级差效益分享度。世界银行建议值为 30%~50%。

收费公路的级差效益会随着居民消费水平的变化、燃油价格的变化动态调整。从长远角度来看，居民收入和居民消费水平的不断提高，所带来的不仅是居民支付意愿的提高，还有对出行时间成本看重程度的加强和对交通安全意识的重视，所对应的级差效益值也将逐年提高。

由于级差效益理论测算的收费标准是使用者对收费标准预期值，反映出使用者对收费标准的接受程度，因此级差效益分享度区间对应的收费标准区间也是使用者能够接受收费标准的区间。当实际执行收费标准高于级差效益区间时，使用者对收费公路的选择概率将大幅下降；若执行收费标准低于级差效益区间，则将有大量车辆涌入收费公路中。无论是上述哪种情况，都将导致收费公路出现非合理性畅通或超饱和运行，不利于区域路网的均衡。因此，级差效益理论不仅是收费标准的测算模型，也是对路网均衡评价的重要参考。

2.7 行业主管部门视角下收费标准定价需求

2.7.1 路网均衡

目前，新疆已初步建成以乌鲁木齐为中心、国道为骨架、省道为支脉，连接甘肃、青海、西藏三省区及周边国家，覆盖全疆的国省道网络。随着 G7 线梧桐大泉至木垒高速公路等省际通道建成通车，进出疆通道能力进一步提升；S20 线五工台至克拉玛依一级改高速公路建成通车、G218 线那拉提至巴伦台公路项目开工建设、G0711 乌鲁木齐至尉犁段高速公路加快建设，新疆东联西出、南北通畅的交通大通道将逐步完善（图 2-18）。

新疆各区域路网呈现多种形态，包括平行式路网、三角式路网、网格式路网等。其中较为典型的平行式路网，如 G7 和 G30 两条进出疆大通道、G218 和 G578 两条伊犁河谷东西向通道等；较为典型的三角式路网包括五

第 2 章 经营性公路收费定价政策及需求

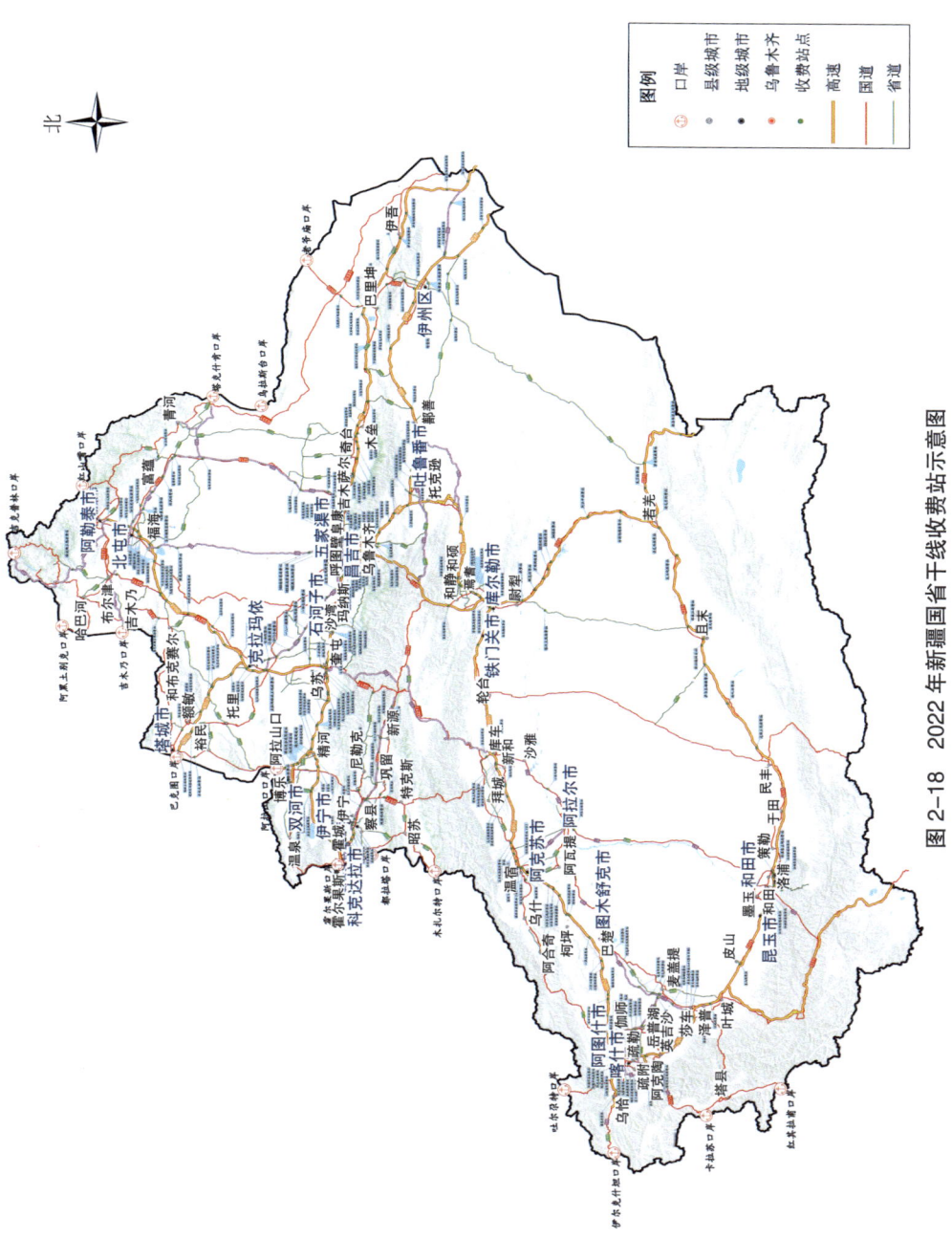

图 2-18 2022 年新疆国省干线收费站示意图

工台至克拉玛依的 S20 和 G30＋G3014、乌鲁木齐至阿勒泰的 S21 和 G7＋S11＋G216 等；较为典型的网格式路网包括 G314、G315、G219、G216、G580 围合的环塔里木盆地南疆公路环线网络，G216、G331、G219、G335、G3014、S21 围合的环准噶尔盆地北疆公路环线网络等。

"一路一价"政策实施以来，尤其是近两年收费标准相比 2010 年政府批复的统一基础标准有一定增幅，产生了一种路网间价格不均衡现象，即收费标准制定初期并未使区域路网达到均衡状态，突出表现为部分路段拥堵和非合理性畅通，在有并行免费或低价格干线公路时，选择有收费或收费标准较高的高速收费公路出行的车辆未达预测期望指标，公路资源未被有效利用或者浪费；项目交通量转移至区域内其他收费标准相对较低的道路甚至改变出行方式，导致区域内其他等级较低的道路交通量过大，通行能力和服务水平均下降，产生拥堵路网破坏，影响了公路网系统功能的发挥等。公路网均衡配置是实现社会公平的基础。影响区域路网均衡的因素较多，主要包括交通量、通行能力、服务水平、收费标准等，具体如下：

1）交通量

交通量是用于衡量公路交通负荷的指标，是影响区域路网均衡的最关键因素。某条公路交通量增大或减小将会直接影响区域内路网的交通量分配情况，区域路网均衡会使不同等级公路之间达到最合理的交通量分配。同时，影响交通量变动的因素也有很多，诸如收费标准、公路服务水平、乘车舒适度、区域经济水平、出行时间等，这些因素的变动也会通过交通量增大或减小来间接影响区域路网是否达到均衡状态。

2）通行能力

道路通行能力是指在一定道路条件和交通条件下，单位时间内能够通过一条车道或道路某断面的最多车辆数。不同等级公路的通行能力有所不同，根据《公路工程技术标准》（JTG B01—2014），四车道高速公路、一级公路的年平均日设计交通量宜在 15 000 辆小客车以上，二级公路的年平均日设计交通量宜在 5 000 ~ 15 000 辆小客车。某条公路的通行能力是个定值,但其与交通量、公路服务水平息息相关。对于不同等级的公路,其设计通行能力的不同会导致最佳服务水平的不同,表明通行能力会直接影响各等级公路达到最佳服务水平状态。

3)服务水平

公路服务水平是指公路上的交通量与基本通行能力之比,以综合反映道路服务质量。根据《公路工程技术标准》(JTG B01—2014),公路服务水平分为六级,即一级至六级,高速公路、一级公路的服务水平应不低于三级,二级公路的服务水平应不低于四级。每条公路建成通车后,其基本通行能力是个定值,公路服务水平的高低会直接影响交通量的大小,从而间接影响区域路网运行状态。

4)收费标准

收费标准是影响交通量的众多因素之一,公路是否收费会对交通量产生较大影响。收费标准与交通量呈负相关关系,若收费标准提高,公路出行成本会上升,将会刺激公路使用者选择其他通道或其他交通方式出行,致使本通道交通量下降;若收费标准下降,公路出行成本会降低,将会吸引其他通道或其他交通方式公路使用者选择本通道出行,使得本通道交通量增大。

收费标准提高或降低均会通过交通量的增减来间接影响区域路网是否达到均衡状态,区域路网均衡会使收费标准与交通量达到动态平衡。收费标准的变动会影响道路使用者出行意愿,通过收费标准对交通量影响的敏感度分析,可得出对区域路网均衡影响较小的收费标准区间。

通过路网均衡判定收费标准,一方面能够使区域内路网均达到各自最佳状态,包括不同等级公路之间达到合理的交通量分配、各等级公路达到最佳服务水平;另一方面通过收费标准与交通量的动态变化使区域路网达到均衡状态。《关于实施收费公路差异化收费的通知》(新交发〔2020〕24号)实施后,新疆收费标准差异化动态调整已在路网交通量平衡中起到了初步作用,但收费标准差异化动态调整体系及有关政策制定尚待科学化和精细化。

2.7.2 行业主管部门执行听证流程的上限价

《关于调整自治区收费公路车辆通行费标准有关问题的批复》（新政函〔2010〕278号）实质是政府统筹考虑区域经济发展水平与收费公路投资建设情况制定的行业主管部门指导价，当时以政府收费公路为主。

经过10余年的建设，上文制定的政府指导价很显然已经不能满足现状及未来高速公路更高投资的发展趋势。依据《关于进一步做好收费公路设站收费有关工作的通知》〔新交综〔2020〕85号〕，报批收费标准前，由自治区发改委、自治区交通运输厅及收费公路经营管理单位配合，召开收费方案听证会（地方实施项目由地、州、市交通运输主管部门参照执行）。考虑到新疆目前交通发展强劲，公路建设里程不断增长，为每个项目逐一召开听证会将耗费大量行政管理资源。因此很有必要对未来一段时间的行业主管部门指导价做出预判，制定行业主管部门执行听证流程的上限价，作为行业主管部门判定审批流程的重要依据。若收费标准高于制定的行业主管部门执行听证流程的上限价，则行业主管部门可通过召开听证会及座谈会对收费价格进行听证；若低于行业主管部门执行听证的上限价，从提高审批效率、降低审批成本的角度，行业主管部门可直接批复收费标准。

项目投资规模是制定行业主管部门执行听证流程的上限价的关键指标，收费标准应当与投资规模相关联匹配。行业主管部门依据投资规模为基础指标制定指导价有利于促进收费公路整体市场氛围，引导市场形成良好秩序，有利于收费公路保持健康发展，可以为行业主管部门审批收费标准提供可靠的抓手，对收费标准开展监督管理。

充分借鉴贵州、四川省等内地省份依据批复的概算投资确定收费标准的定价经验，结合新疆当前收费标准执行情况及拟定的"十四五"项目建设情况，可分南北疆制定收费公路行业主管部门执行听证流程的上限价。

新疆收费公路行业主管部门执行听证流程的上限价建议详见表2—13。

表 2-13 执行听证流程上限价格建议

概算批复每千米造价/万元	北疆/[元/(车·千米)]	南疆/[元/(车·千米)]	是否听证
0～3 000	0.48	0.37	否
3 000～4 000	0.53	0.42	否
4 000～5 000	0.58	0.47	否
5 000～6 000	0.63	0.52	否
6 000～7 000	0.68	0.57	否
7 000～8 000	0.73	0.62	否
高于 8 000	造价水平高于 8 000 万元/千米，需要开展听证商讨论证最终确定价格，最终价格不设上限		是

  新疆执行听证环节的基准收费标准如果与全国平均水平持平，同时根据南北疆经济发展水平的不同，建议基准收费标准北疆为 0.48 元/（车·千米）、南疆为 0.37 元/（车·千米）。投资不超过 3 000 万元的高速公路按照基本收费标准执行；投资超过 3 000 万元的，以 1 000 万元作为递进区间，对应收费标准调增 0.05 元/（车·千米）。收费标准初次批准（含特长桥隧等）上限北疆为 1.1 元/（车·千米）、南疆为 1 元/（车·千米），（具备条件的，政府应当加大对公路建设的公共财力投入，尽量降低物流流通环节成本）。投资调整值按车道数折减，双向四车道折减系数为 1.0，双向六车道折减系数为 0.8，双向八车道折减系数为 0.6。若项目建设成本所需匹配的收费标准要求高于当地经济社会发展水平，则需要综合考虑经济社会发展水平，需与群众生活水平相匹配。上述只通过项目造价来单方面确定收费标准调整的方式较为单一，不合理且不适用。

2.7.3 桥隧通行费定价方案

1）新疆收费公路桥隧通行费现状分析

新疆目前实施桥隧加收的两条收费公路情况如下：

（1）G30 线赛里木湖至霍尔果斯。G30 线赛里木湖至霍尔果斯项目桥隧加收纳入全线进行收费，全线长度 500 米以上隧道 3 处，合计长度 4.014 千米，投资 4.756 3 亿元，平均每千米造价 1.187 亿元。长度 500 米以上独立桥梁 2 座，合计长度 4.394 千米，投资 8.057 7 亿元，平均造价 1.833 亿元 / 千米。

参考我国内地相关省份长大隧道和特大桥收费标准，根据全线 500 米以上桥隧投资比例进行计算，本项目取平均每千米 1.30 元 / 车次，长大隧道增加收费标准合计为 5.2 元 / 车次。陕西、甘肃等省份一般只对长大隧道增加收费，对特大桥梁不进行单独收费。特大桥收费标准和其造价紧密相关，参考我国山东、厦门、武汉等地有关特大桥收费标准，特大桥投资达 1 亿时对应的收费标准为 0.60 元 / 车次，本项目特大桥造价合计 8.057 7 亿元，应增加收费标准合计 4.8 元 / 车次。按照上述公路、桥梁、隧道收费标准和对应长度加权计算，全线平均基本收费标准为 0.48 元 /（车·千米）（表 2-14）。

表 2-14　G30 全线平均基本收费标准

车辆分类标准	车辆通行费＝公路基本路段通行费＋隧道通行费＋特大桥通行费 /（元 / 车次）			合计 /（元 / 车次）	总里程 / 千米	收费标准 /［元 / 千米（一型车）］
	公路基本路段通行费	隧道通行费	特大桥通行费			
小型车	26.25	5.20	4.80	36.25	75	0.48

（2）G3003 线乌鲁木齐东绕城。G3003 线乌鲁木齐东绕城项目桥隧加收纳入全线进行收费，根据全线 500 米以上桥隧投资比例进行计算。全线 500 米以上大桥 7 座，合计里程 7.902 千米，投资总额 10.723 5 亿元，平均每千米造价 1.357 亿元。每增加 1 亿元项目造价，收费价格按 0.6 元 / 车次

（小型车）涨价上浮，收费标准综合计算为 6.4 元 / 车次（小型车）。全线 500 米以上隧道 1 座，合计长度 1.452 5 千米，投资总额为 4.724 亿元，平均每千米造价 3.252 3 亿元。每增加 1 亿元项目造价，收费价格按 1.10 元 / 车次（小型车）涨价上浮，收费标准综合计算为 5.2 元 / 车次（小型车）。按照上述公路、桥梁、隧道收费标准和对应长度加权计算，全线平均基本收费标准为 0.44 元 /（车·千米）（表 2-15）。

表 2-15 G3003 全线平均基本收费标准

车辆分类标准	车辆通行费＝公路基本路段通行费＋隧道通行费＋特大桥通行费 /（元 / 车次）			合计（元 / 车次）	总里程 / 千米	里程平均 / [元 / 千米（一型车）]
	公路基本路段通行费	隧道通行费	特大桥通行费			
标准小客车	27.57	5.20	6.40	39.17	88.14	0.44
标准小货车	0.088 元 /（吨·千米）（现已转化为分车型收费）					

2）其他省份收费公路桥隧通行费定价方案

江苏省：定额计次收费，根据不同的桥梁类型收费标准不同，一类客车桥隧加收标准介于 20～30 元 / 车次，一类货车桥隧加收标准介于 25～35 元 / 车次。

河南省：定额计次收费，根据不同的桥梁类型收费标准不同，一类客车桥隧加收标准介于 10～20 元 / 车次，一类货车桥隧加收标准介于 10～30 元 / 车次。

甘肃省：定额计次收费，根据不同的隧道类型收费标准不同，一类客车桥隧加收标准介于 5～20 元 / 车次，一类货车桥隧加收标准介于 10～30 元 / 车次。

广东省：定额计次收费，根据不同的桥梁类型收费标准不同，一类货车桥隧加收标准介于 5～72 元 / 车次。

贵州省：对符合收费条件的桥隧单独计费，合并征收车辆通行费，一类货车通行一类桥隧通行费1.1元/车次，以500米为一个区间对桥隧进行分类，桥隧分类系数为1:2:3:4:5。

湖北省：定额计次收费，根据不同的桥梁类型收费标准不同，一类客车桥隧加收标准介于10~15元/车次，一类货车桥隧加收标准为20元/车次。

陕西省：定额计次收费，根据不同的桥梁类型收费标准不同，一类货车桥隧加收标准为10~15元/车次。

浙江省：定额计次收费，过江（海）水底隧道不足1000米时不实行定额收费，过江（海）水底隧道超过1000米时一类客货车桥隧加收标准为10元/车次，3000米以上过江（海）水底隧道规模以每增加1000米为一个档次，1类车和2类客车通行费增加收费5元/车次，其他类型车辆按比例增加收费。对连续里程达10千米以上的高架桥，保留叠加收费方式并实行分段叠加收费：即每2个收费站（或枢纽）区间，连续高架桥长度3（不含）~5（含）千米的叠加收费1元；5~10（含）千米的叠加收费2元；10~15（含）千米的叠加收费3元；15~20（含）千米的叠加收费4元（每增加5千米增加收费1元，以此类推）。

内蒙古自治区：定额计次收费，对海生卜浪黄河特大桥实行桥隧加收，一类客车桥隧加收标准为15元/车次，一类货车桥隧加收标准为12.5元/车次。

安徽省：对桥梁长度大于1000米、隧道长度大于3000米的高速公路特大型桥梁、隧道执行加收通行费政策，一类客货车桥隧加收标准为10元/车次。

青海省：定额计次收费，对达坂山隧道实行桥隧加收，一类货车桥隧加收标准为6元/车次。

综上：上述省份中，内蒙古仅海生卜浪黄河特大桥、青海省仅达坂山隧道独立收费，收费方式按车次计费；宁夏不明晰是否执行了桥隧加收；其余省份均按照车次计费。

3）新疆收费公路桥隧通行费定价方案

根据国家和新疆收费公路标准相关法律法规，参考全国各省桥隧通行费收费标准制定方法，在此提出适合新疆收费公路桥隧通行费标准定价方案建议。

（1）方案一：按照桥隧长度划分定价（如四川省、贵州省、安徽省）。

① 两车道的独立桥梁、隧道，800米以上桥隧实行加收；四车道的独立桥梁、隧道，500米以上桥隧实行加收。

② 对特大桥隧的长度进行划分，不同长度的桥隧加收标准不同。桥隧加收基础长度为1 000米，划分等级 $1\,000 \leqslant L \leqslant 1\,500$、$1\,500 \leqslant L \leqslant 2\,000$、$2\,000 \leqslant L \leqslant 2\,500$、$2\,500 \leqslant L \leqslant 3\,000$、$L > 3\,000$。

（2）方案二：按照平均每千米造价投资定价（如山东省、福建省、湖北省）。

鉴于项目隧道、特大桥工程造价及后期养护管理费用较高的特点，参考内地相关长大隧道、特大桥收费标准和其独立桥、隧的造价紧密相关的实践经验，隧道由于后期养护费用较特大桥高，建议一般长大隧道投资1亿相应的收费标准为1.10元/车次（标准小型车）左右；特大桥投资1亿相应的收费标准为0.60元/车次（标准小型车）左右[①]。

[①] 该数据是根据我国山东、厦门、武汉等地相关长大隧道和特大桥收费标准取其平均值所得。

第 ❸ 章
三维视角下新疆经营性公路收费定价方法研究

3.1 新疆经营性公路收费定价存在的问题

3.1.1 新疆收费定价方法

目前，新疆新建政府收费公路及经营性二级收费公路的收费标准，仍参照《关于调整自治区收费公路车辆通行费标准有关问题的批复》（新政函〔2010〕278号）执行，收费期限需要各项目独立测算。新疆经营性收费公路（高速、一级）执行"一路一价"政策，即对2017年以后由政府投资、社会资本参与建设的新建高速、一级公路，不分区域，统筹考虑未来公路投资建设成本及规模等因素，实行"一路一价"的收费公路定价方式，确定公路车辆通行标准。

新疆公路收费标准定价方法主要是基于成本定价模式的经济补偿理论，采用收费还贷模型，以能够保证在规定期限内还清全部贷款本金和利息为原则。其基本思路是假定贷款一次性取得，或将分期贷款折算为现值，根据贷款总规模、贷款利率和其他贷款限制条件、公路管理和养护成本、还贷期限等因素，计算各年需要取得的收费收入，再根据交通流量预测、车型分类等因素计算出各车型的收费费率。对于建设过程中引入社会资本方或企业自主投资的经营性收费公路，收费标准的制定在收费还贷模型的基础上还会考虑一定的收益率、税金等因素。

在实际操作中，主要是通过《建设项目评价方法与参数（第三版）》中的财务测算模型来初步拟定收费标准。具体操作步骤如下：

步骤一：在财务测算模型中输入各项边界条件，主要有项目投融资模式及资金筹措方案（如项目资本金比例、自有资金额度、政府补贴金额及贷款比例或金额），建设项目逐年养护、运营管理费用，初步假设一个收费标准，将项目工程可行性研究报告预测交通量根据实际调查车型比例及结构计算各车型交通量。

步骤二：基于财务测算模型得到项目通行费收入表、总成本费用表、税金及附加表、融资偿还能力表等。

步骤三：根据现金流量表（全投资/资本金）及社会资本方提出的投资收益需求，通过不断调整第一步假定的收费标准使得项目收益满足社会资本方要求，得到初步拟定的收费标准。

财务测算模型中收费标准的计算思路如图 3-1 所示。

3.1.2　新疆经营性公路定价方法存在的问题

基于成本的定价模式能够较好地保障收费公路的投资收益，对于早期筹集公路建设资金具有重要推动作用。但仍存在以下几方面不足：

（1）经行业主管部门成本监审批复的收费标准与投资者合理回报收费标准之间的差异缺乏有效协调。道路投资者基于合理回报诉求，采用"一路一价"政策确定收费标准并上报行业主管部门。行业主管部门再按照有关法律法规规定，开展收费价格成本监审。监审后执行的收费标准往往与投资者上报值之间存在一定差异，后期待项目试运行结束，依据实际投资运营数据重新核定收费标准，并将会在一定范围内（暂不明确）考虑到实际道路使用者心理（暂未实施过动态调整）。但从成本监审全过程来看，无论初始定价或是运营后收费标准重新核定，成本监审所带来的企业经济

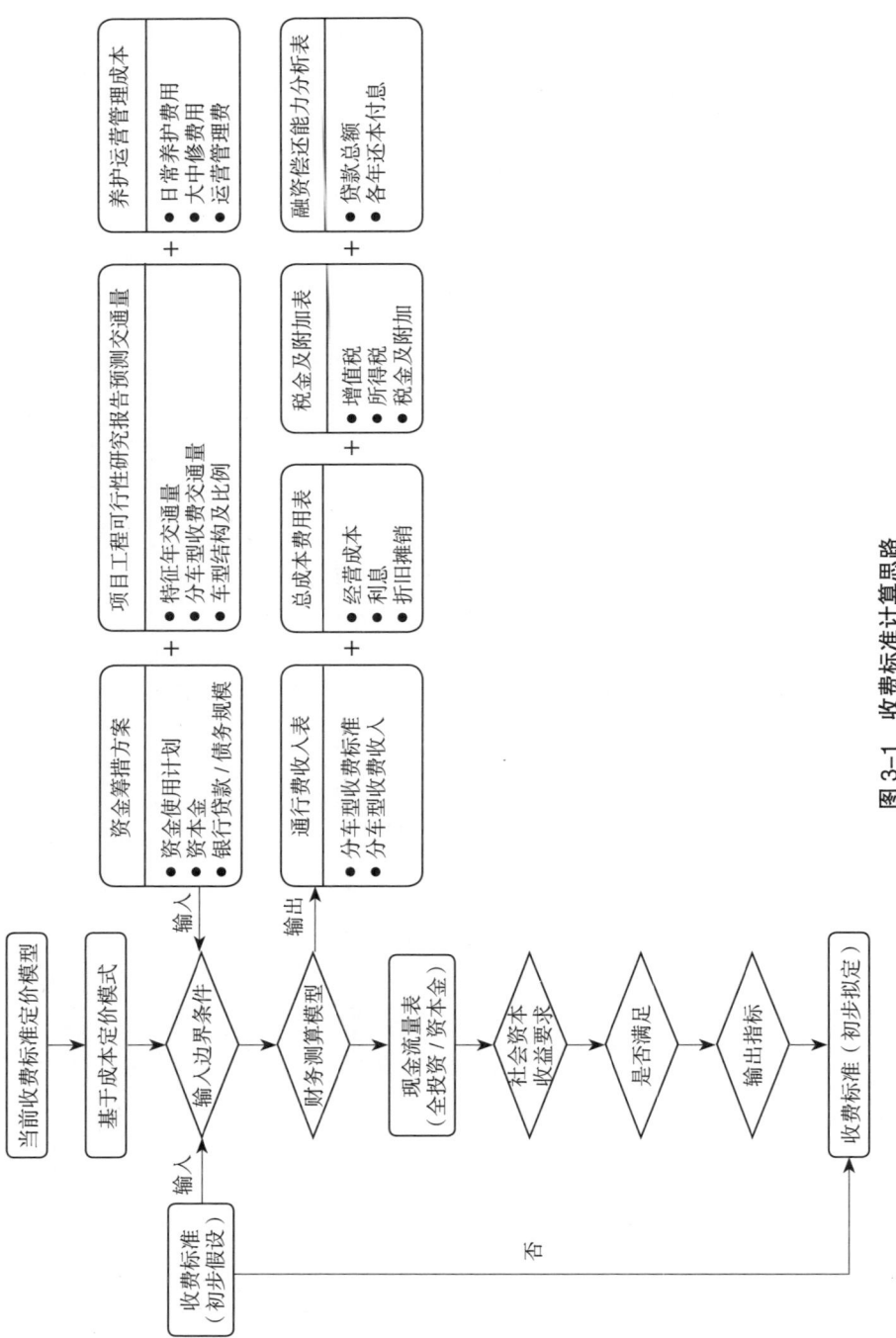

图 3-1 收费标准计算思路

效益的损失及项目风险并无其他弥补措施,"一路一价"政策的可持续性和可适用性减弱。

(2)仅从投资者单一角度考察项目还贷能力,未从行业主管部门及使用者角度考虑,定价策略单一。目前定价方法主要从投资者单一角度出发,根据投资者自有资金投资、融资贷款、公路管理和养护成本、还贷期限、收益率、税金等因素,重点考察项目的收费还贷能力。对于行业主管部门,定价方法中缺乏统筹衡量道路投资者与道路使用者诉求的抓手。

(3)仅考虑长周期满足投资者合理回报的收费标准,未考虑该收费标准与使用者承受能力、物价水平的动态匹配。无论政府收费公路或经营性收费公路,当前收费还贷模型计算得到的收费标准都是充分利用时间(或收费年限)的长周期(20~30年)下相对较低的收费标准。这种方法存在一定不足。长周期下的收费标准可能无法满足项目初期生存,且未与使用者承受能力和物价水平之间形成动态匹配。"十四五""十五五"时期新疆高速公路投资多呈现出桥隧占比较大、单千米投资规模较高的特征(如G0711乌尉高速、G218那巴项目、独库高速等),该不足在此类项目中表现尤为显著。

(4)未考虑收费标准能否使区域路网达到均衡。自2017年"一路一价"政策实施以来,收费标准相比2010年批复的政府定额标准有一定的增幅,从而在路网间产生一种不均衡现象。这种不均衡主要表现在路网交通量分布方面。尤其是新疆普遍存在收费公路与非收费的普通国省道并行的情况,大量的长、短途交通量倾向于选择并行的普通国省道行驶,路网交通量分配不符合公路设计之初的功能定位。车辆过多驶入导致并行普通国省道通行能力和服务水平降低甚至拥堵的问题。因此,路网交通量不均衡不仅降低了公路的使用效率,造成公共资源的浪费,还不利于公路健康可持续发展。

(5)养护运营管理成本未体现市场公允价值。当前在收费标准制定过程中,养护运营管理成本的取值并未考虑项目当地的实际收入水平和经济增长状况,导致收费定价测算的运营成本因素与实际支出缺乏有效关联,市场公允价值缺失,不利于行业监管、运营管理效率的提高和市场资源的有效配置。

（6）收费标准审批流程较为复杂，审批效率面临挑战。当前新疆公路收费标准审批分为两个阶段。第一阶段是关于设站批复，其流程大致如下：上报设站收费请示文件→符合性审查→征求意见→现场调研→设站批复。第二阶段是关于收费标准批复，其流程大致如下：上报收费标准核定请示文件→符合性审查→征求意见→现场调研→召开听证会→标准批复。

从上述两阶段审批受理流程不难看出，收费标准的审批程序较为复杂，具体表现为两个方面，一是收费标准审批流程历时较长，一般需要一年时间才能完成标准批复；二是由于收费公路建设主体多元化，收费标准均执行"一路一价"政策，使得每条收费公路标准批复均需召开听证会，增加了行业主管部门管理成本，收费标准审批流程需要进一步优化。据调查，2021年底至2022年中大约有14条收费公路需开展价格听证。由于缺乏收费定价理论、模式以及方法的统一，"一路一听证"不仅产生大量的审批专业人员的成本消耗，也对行业主管部门的审批效率提出挑战。

3.2 三维视角下新疆经营性公路收费定价方向与目标

3.2.1 指导思想

如何平衡投资者和使用者的利益，兼顾公路建设项目的市场性与公共性，在促进高等级公路健康有序发展的同时兼顾社会公众的承受能力，制定多角度、精细化的收费定价方案，是新疆收费公路扩大市场化融资、增强公路造血能力的关键，也是本书的核心内容之一。

3.2.2 新疆收费公路定价发展方向分析

针对新疆收费公路定价存在的问题，从投资者、道路使用者以及行业主管部门考虑因素，提出更加完善的定价方案。

1）从投资者单一角度（长周期投资回报）收费还贷测算转变为多角度的三维协调定价机制（长短期结合）

站在投资者、使用者、行业主管部门三维角度，从各方诉求出发，基于各方立场分别提出对应的收费标准制定方法。

从投资者角度，首先针对养护运营管理成本进行全面、系统分析，优化定价模型中关键输入型变量的准确性和科学性；其次提出满足项目前期生存模式下的收费标准制定方法。

从使用者角度，按照"谁受益，谁负担"的公平原则，在制定收费标准时，应科学界定并合理地衡量道路级差效益，提出符合使用者诉求的级差效益区间。

从行业主管部门角度，可依据投资规模制定执行听证的综合费率，为收费标准审批提供可靠抓手，并对收费标准开展监督管理。

2）从仅考虑单个项目的运行状况转变为综合考虑周边路网的均衡状态

路网不均衡会使项目交通量转移至区域内其他收费较低的道路甚至改变出行方式。区域内其他低等级路交通量过大，产生交通拥堵、路网破坏等各类问题。本书提出将路网均衡作为收费标准制定过程中的重要评价因素，通过路网均衡判定收费标准是否能使区域内路网达到各自最佳状态，包括不同等级公路之间达到合理的交通量分配、最佳服务水平和通行能力，以及收费标准与交通量达到动态平衡。

3）从采用养护运营管理成本的经验值转变为实际值

通过查阅相关文献及资料，对新疆收费公路运营成本进行系统的调研梳理，研究收费公路运营成本的构成及其影响因素，分析运营成本与收费标准之间存在的关系，初步量化分析提出不同区域所对应的运营成本与收费标准之间的关系。优化定价模型中成本方面基础性输入变量的可靠性及科学性，完善收费标准定价方法和依据。

4）从行业管理部门"一路一听证"转变为"价高听证"

根据项目投资规模制定收费标准听证价，使收费标准与投资规模相匹配。行业主管部门依据投资规模制定听证价，有利于促进收费公路整体市场氛围，引导市场形成良好秩序，可以为行业主管部门审批收费标准提供可靠的抓手。听证价之下，收费标准受理审批流程可适当简化；听证价之上，实行收费听证程序。听证价并非确定具体收费标准，主要是用来评判公众接受能力。

5）从当前的收费标准"一定终生"转变为建立与运营管理水平挂钩的收费标准动态调整激励机制

考虑未来随着通货膨胀、物价水平上涨、出行者可接受水平的不断提升，以及收费标准具备一定的周期性调整趋势，要充分制定与通货膨胀、使用者承受能力、物价水平、运营管理水平相适应的收费标准动态调整激励机制，明确收费标准动态调整办法，建立新疆收费公路车辆通行费收费标准与养护和服务质量挂钩管理办法。

3.3　三维视角下新疆经营性公路收费定价方法

结合前文"五个转变"，本书分别基于投资者、使用者和行业主管部门视角，提出各方立场下的收费标准制定方法。如何将满足三维诉求下的三个收费标准统一，是新疆经营性公路收费标准制定的关键。

3.3.1　收费标准定价

1）多边界条件下收费标准测算方法

（1）以阶梯价格曲线测算投资者合理收益价 $P1$：考虑项目全生命周期的支出情况，以满足投资者合理收益为目标，动态测算投资者合理收益条件下的收费标准 $P1$。

（2）动态测算级差效益理论下的使用者的接受价 $P2$：运用级差效益理

论，动态考虑居民消费水平和物价水平的上涨，测算使用者能够接受的级差效益区间上限价 $P2$。

（3）动态测算初期合理收益价 $P3$：以满足投资者初期合理回报为目标，动态测算初期合理收益价 $P3$。

（4）动态测算初期有现金流可分配的价格 $P4$：在满足项目运营期支出的基础上，考虑通行费收入能够覆盖项目运营期折旧摊销费用，保障投资者能够回收建设，测算企业生存模式下即初期有现金流可分配的价格 $P4$。

（5）动态测算初期现金流为正的价格 $P5$：初期仅考虑通行费收入能够覆盖运营支出，测算初期现金流为正的价格 $P5$。

多边界条件下的收费标准如图 3-2 所示。

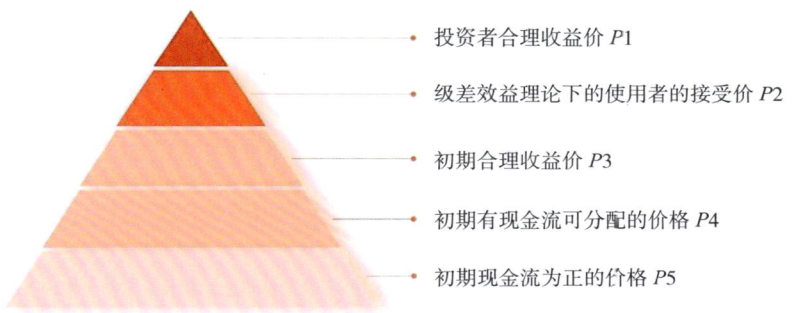

图 3-2　多边界条件下的收费标准

2）收费标准判定方案

（1）以阶梯价格曲线测算投资者合理收益价 $P1$ 小于级差效益理论下使用者的接受价 $P2$，即 $P1 < P2$。该情况表明项目效益较好，执行的收费标准既能让使用者接受，又能使投资者获得合理投资收益，收费标准优先保障投资者合理回报，即采用保发展策略，收费标准选择合理回报标准 $P1$。该情景具备市场化运作的基础，符合交通持续健康发展，项目具备投资可行性和实施条件。当 $P1 < P2$ 情形下，判定方案如图 3-3 所示：

（2）在项目阶梯价格曲线 $P1$ 大于级差效益理论下使用者的接受价 $P2$，需要考察项目初期收益的收费标准 $P3$ 与 $P2$ 之间的大小。当 $P3 < P2$ 时，

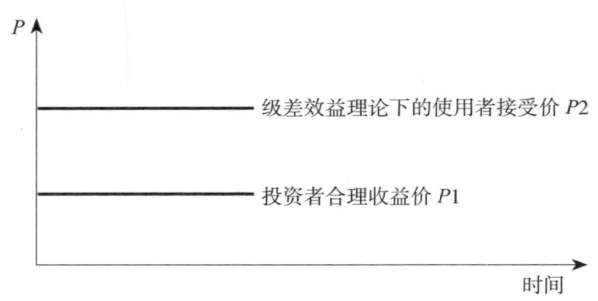

图 3-3　$P1 < P2$ 情形下判定方案

说明项目运营初期能够保障一定收益，但项目长周期收益可能无法达到预期。从推进可持续发展建设角度出发，收费标准优先保障投资者合理回报，即采用保发展策略，收费标准选择使用者接受价 $P2$。该情况下虽然项目无法达到投资者的预期收益，但仍然能保障项目具有一定收益能力，并具备交通量培育成长的空间。因此，该情景具备市场化运作基础，符合交通持续健康发展，具备投资可行性和可实施性的条件。当 $P1 > P2$ 并且 $P3 < P2$ 情形下，判定方案如图 3-4 所示。

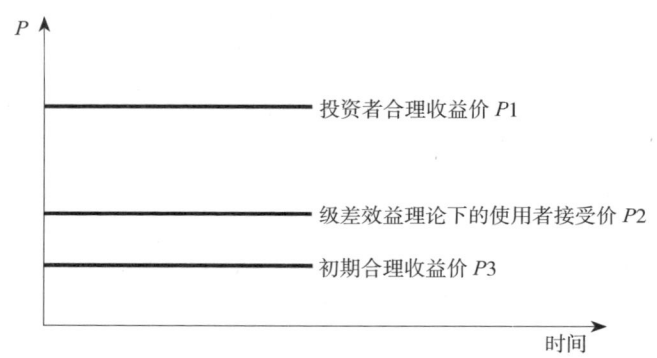

图 3-4　$P1 > P2$ 并且 $P3 < P2$ 情形下判定方案

（3）当项目初期合理收益价 $P3$ 大于级差效益理论下使用者的接受价 $P2$，则考察项目初期不亏损价，即项目生存模式下的价格 $P4$ 与 $P2$ 的大小。当 $P4 < P2$ 时，说明项目能够保障生存能力和投资者资本金回收需求，但无法保障投资者合理收益。此时从优先保障道路使用者利益，即采用保民生策略，收费标准选择使用者接受价 $P2$。该情况下虽然无法保障投资收

益，但能够保障投资本金安全；项目虽然投资吸引能力减弱，但项目公司有现金流来保证运转，仍然具备远期发展空间潜力，有一定长周期投资吸引力。因此，该情景具备基础设施长周期运作基础，符合交通基础设施发展特点，具备交通类国有资产投资可行性和可实施性的条件。当 $P3 > P2$ 并且 $P4 < P2$ 的情形下，判定方案如图 3-5 所示。

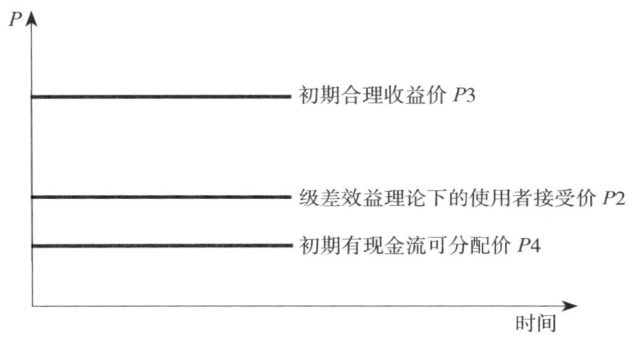

图 3-5　$P3 > P2$ 并且 $P4 < P3$ 情形下判定方案

（4）当生存模式下的价格 $P4$ 大于级差效益理论下使用者的接受价 $P2$，则考察项目初期及现金流为正的价格 $P5$ 与 $P2$ 的大小。当 $P5 < P2$ 时，说明项目能够保障运营前期资金链不断裂，运营公司具备初期生存能力，但无法保障项目的收益和回收初期投资本金的需求。此时从优先保障道路使用者利益，即采用保民生策略，收费标准选择使用者接受价 $P2$。该情况下无法保障投资收益和项目的投资本金回收，项目投资吸引力较弱，若同时叠加交通量的风险，项目难以市场化。若要实施，则需要补充建设期或运营期的政策支持与财力支持。当 $P4 > P2$ 并且 $P5 < P2$ 的情形下，判定方案如图 3-6 所示。

（5）当初期现金流为正的价格 $P5$ 大于级差效益理论下使用者的接受价 $P2$，则说明项目实施后无法保障项目运营公司初期的生存，项目不具备投资条件。不符合市场规律，引资难。若此类项目需要实施，可通过政府资本金投入、社会资本方周转贷款等方式保证项目运营前期资金链不断裂。后期可通过其他方式（如政府提供补助对价、延长收费期限等）使项目的整体收益达到预期。当 $P5 > P2$ 的情形下，判定方案如图 3-7 所示。

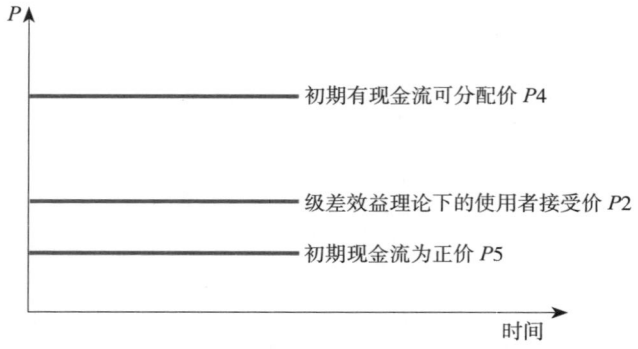

图 3-6　$P4 > P2$ 并且 $P5 < P4$ 情形下判定方案

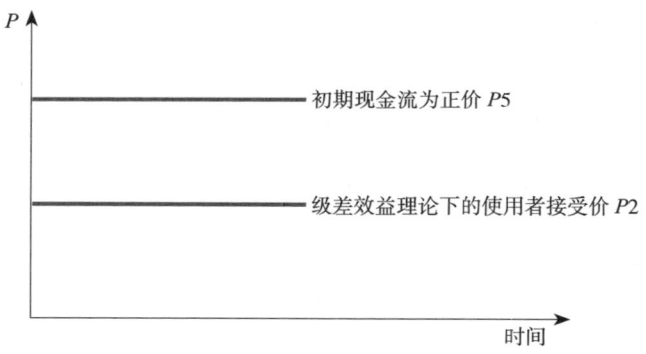

图 3-7　$P5 > P2$ 情形下判定方案

3.3.2　路网均衡影响评估

新疆各区域间尤其是南北疆之间经济社会发展水平差异较大，交通基础设施配置不均衡现象普遍存在，一定程度上影响了公路网系统功能的发挥。如何在资源分配中实现统筹兼顾，实现公路网络均衡配置是实现社会公平的基础。影响区域路网均衡的因素较多，主要包括交通量、通行能力、服务水平、收费标准等。

（1）某条公路交通量增大或减小将会直接影响区域内路网的交通量分配情况。同时，收费标准、公路服务水平等因素的变动，也会通过交通量增大或减小来间接影响区域路网是否达到均衡状态。

（2）公路通行能力通常是个定值，但其与交通量、公路服务水平息息相关，对于不同等级的公路，其设计通行能力的不同会导致最佳服务水平的不同。

（3）公路服务水平的高低会直接影响交通量的大小，从而间接影响区域路网运行状态。

（4）公路是否收费将会对交通量产生较大影响。收费标准与交通量呈负相关关系，若收费标准提高，将会刺激公路使用者选择其他通道或其他交通方式出行，致使本通道交通量下降；若收费标准下降，将会吸引其他通道或其他交通方式公路使用者选择本通道出行，使得本通道交通量增大。

（5）收费标准的变动会影响道路使用者出行意愿，通过对收费标准对交通量的影响进行敏感度分析，可得出不会造成交通量转移的收费标准区间，以及交通量、公路服务水平不会影响区域路网均衡的浮动区间。

3.3.3 简化收费听证流程方案

从行业管理方面，提出行业主管部门执行听证流程的听证建议价，作为发改部门执行听证环节的判定依据。收费标准若高于听证价，则应重点审查，开展听证；若低于听证价，则简化听证流程。

建议新疆执行听证流程的基本收费标准为：北疆 0.50 元/（车·千米），南疆 0.40 元/（车·千米）。投资不超过 3 000 万元的收费公路按照基本收费标准执行；投资超过 3 000 万元的，以 1 000 万元作为递进区间，对应收费标准调增 0.05 元/（车·千米），造价水平高于 8 000 万元/千米，需要开展听证商讨论证最终确定收费标准，最终收费标准不设上限。建议新疆地区收费标准听证价见表 3-1。

表 3-1 新疆地区收费标准听证价目建议

概算批复每千米造价/万元	北疆/[元/（车·千米）]	南疆/[元/（车·千米）]
0~3 000	0.50	0.40
3 000~4 000	0.55	0.45

（续表）

概算批复每千米造价/万元	北疆/[元/(车·千米)]	南疆/[元/(车·千米)]
4 000~5 000	0.60	0.50
5 000~6 000	0.65	0.55
6 000~7 000	0.70	0.60
7 000~8 000	0.75	0.65
高于8 000	造价水平高于8 000万元/千米，需要开展听证商讨论证最终确定收费标准，最终收费标准不设上限	

3.4 三维视角下新疆经营性公路收费定价配套政策需求

目前新疆地区经营性公路通行费定价主要依据的政策文件为《关于完善收费公路价格政策促进自治区交通基础设施建设有关事宜的通知》(新政办发〔2017〕131号）和《关于调整收费公路收费标准及相关收费政策通知》(新交发〔2021〕1号）。高速公路和一级路的收费标准按照"一路一价"政策制定，定价模式主要采用"综合费率"模式。二级收费公路车辆通行费定价主要依据的政策文件为《关于调整自治区收费公路车辆通行费标准有关问题的批复》(新政函〔2010〕278号），收费标准按照基本费率制定。这些政策在原有定价方法下有着重要的指导作用，但三维视角下的定价方法对收费标准的确定提出了更高的目标，其考虑视角更全面、分析影响因素更深入，更加注重公路的可持续发展，同时对新疆地区的动态化收费提出了初步探索等。因此，需要相应的配套政策保障。

3.5 定价结论

1）新疆收费公路经营成本建议区间

建议在项目前期研究阶段如工程可行性研究、实施方案等报告编制中，可直接基于本书数据分析开展论证使用，后续应建立公路运营成本监测评估机制，动态优化运营数据。

2）新疆收费公路桥隧通行费定价方案

对于新疆收费公路桥隧通行费定价方案建议分两步走：第一步按桥隧长度判断是否执行加收；第二步按桥隧单千米造价与基本路段单千米造价的倍数或按桥隧投资加收，具体加收标准需经过系统全面分析后再确定。

3）新疆收费公路三维协调定价机制

与当前收费标准定价方法相比，三维协调定价机制具有以下五个方面的显著优势：

（1）行业主管部门有抓手。充分参考并借鉴贵州、四川等内地省份收费标准的定价经验，提出行业主管部门依据概算执行听证价，为行业主管部门简化收费标准审批流程提供依据。

（2）三维支撑。从行业主管部门、投资者、道路使用者三维角度出发，弥补当前收费标准制定过程中考虑角度单一的不足。

（3）充分考虑收费公路级差效益。利用级差效益理论，按照"谁受益，谁负担"的原则，级差效益应在企业经营者及道路使用者双方之间均衡分配，收费标准应小于或等于出行者在高速公路项目中所享效益的一定比例。

（4）区域路网均衡理念。将路网均衡作为收费标准制定过程中的重要评价因素，有利于交通量在不同等级公路之间合理分配、各等级公路达到最佳服务水平和通行能力、收费标准与交通量的达到动态平衡。

（5）经营性公路定价内涵。经营性公路和政府收费公路在同一收费价格下，有不同内涵机制。经营性公路在企业筹融资的基础上，不因公路的公益属性而享有经营税收减免政策，面对公共产品特殊的需求服务，企业的降本增效措施带来的经济效益往往不明显。政府收费公路的定价机制更多考虑造价成本，显然更加直接。

3.6 定价建议

（1）实际执行的收费标准与投资者合理回报收费标准之间的差异协调方面。对于实际执行的收费标准给投资者带来的经济效益损失以及项目风险，建议建立符合市场化运作规律的政府投资补充机制。若政府财政出资困难，则建议通过评估后明确项目缺口处置机制并备案，后续通过政策机制调整、资源对价等方式解决。

（2）经营成本方面。本次公路经营成本的分析由于缺乏大中修养护费用且数据无法体现路况水平，建议相关管理部门依据"十四五"养护规划目标及任务建立新疆公路经营成本管理平台，定期收集养护任务完成情况及各项经费支出，为下阶段更加细化分区域、分目标、分路况水平提出经营成本建议值。

（3）级差效益方面。收费公路级差效益区间上限值可作为路网交通流分配的标尺、投资者和使用者的利益均衡点，级差效益参数标定的科学性、合理性能够促进公路健康可持续发展，当前级差效益区间计算时采用的分享度仍为世界银行多年前的建议值。为使收费定价体系更加精细化、合理化，建议下阶段对级差效益中的核心参数和级差效益分享度划分不同区域开展参数标定，使其符合新疆实际。

（4）路网均衡方面。当前研究针对路网均衡仅提出初步思路，下阶段建议从收费标准、交通量、通行能力及服务水平等方面对路网均衡及差异化收费政策等方面开展进一步研究，保障收费定价机制的可操作性。

（5）桥隧加收方面。建议新疆收费公路桥隧通行费定价方案分两步走，具体加收标准需经过系统全面分析。

（6）动态调价方面。建议下阶段随收费价格政策的调整周期（初步建议为3~5年），根据实际交通量、投资回收期，以及人工、材料、设备等各项养护运营管理支出，开展新一轮收费标准制定，对绩效评价体系及调价机制进行深入研究，逐步建立收费标准定价的循环体系。

（7）专项基金方面。建议将新疆存量经营性项目合同中约定的超额收益建立专项基金，用于补贴效益较差的收费公路，实现路网补偿、行业主管部门投资收益的再分配，促进路网均衡发展。

（8）收费期限方面。建议进一步延长新疆的收费期限，收费期限越长，收费标准可运用的时间越长，收费价格的弹性空间变大，灵活运用变强。

（9）资金筹措方面。建议加大专项债及车辆购置税等政府财力对项目建设的支撑，远期通过超额收益、专项基金加强对项目的建设投入。

（10）建立新疆收费公路通行费收费标准与养护和服务质量挂钩管理办法。考虑未来随着通货膨胀、物价水平上涨、居民可接受水平的不断提升，以及收费标准具备一定的周期性调整的趋势，制定与通货膨胀、用户承受能力、物价水平、运营管理水平相适应的收费标准动态调整激励机制，明确收费标准动态调整办法。

3.7 适用前景

本书在针对新疆经营性公路执行"一路一价"收费政策过程中存在收费公路长周期合理回报与短周期项目生存带来的收费标准定价差异缺乏有效协调、仅从投资者角度考虑定价策略单一、收费标准与经济社会发展趋势的动态匹配考虑不充分、收费标准对路网交通量均衡状态的影响缺乏分析、定价中养护运营管理成本的市场公允价值未充分体现、收费标准审批流程较为复杂等问题，进行深入分析论述，提出了新疆地区经营性公路经营成本建议值、新疆经营性公路桥隧通行费定价方案和新疆经营性公路三维协调定价机制。对优化新疆经营性公路收费标准定价方法具有显著作用，为新疆收费公路可持续发展提供了重要的理论支撑；同时，对于我国其他省份的经营性公路收费定价具有较强的参考价值。

在经济与社会效益方面，三维定价机制能够使现有"一路一价"政策体制框架下的收费价格机制更加科学合理，使公路资源得到更加充分使用，并促进区域社会经济发展。通过健全覆盖项目全周期的定价收费政策体系，能够保证投资者的合理收益，在"十四五"及后续规划期间吸引更多的市场资源配置，对"十四五"期间完成4000亿公路投资建设具有重大意义。同时，平衡投资者和使用者的利益，兼顾公路建设项目的市场性与公共性，在促进收费公路健康有序发展的同时兼顾社会公众的承受能力，制定多角度、精细化的公路收费标准定价方案，将促进新疆收费公路扩大市场化融资、增强公路造血能力。此外，优化收费公路建设及运营成本测算方法，为新疆经营性公路收费标准的制定与执行提供理论支持，为其他地区制定切实可行的公路收费方案提供技术支持；对于收费公路投资者合理控制建设及运营成本的研究，可促使公路运营企业在满足合理回报诉求的同时降低建设及运营成本、提高服务质量。

第 4 章

S20 五工台—克拉玛依一级改高速公路建设项目收费定价

4.1 项目概况

4.1.1 项目背景

克拉玛依至五工台路段从起点九千米立交至终点五工台路段全长约 215.5 千米为一级公路，路基宽度 25.5 米，于 2006 年建成通车。从克拉玛依市北与东环路相交的路口至九千米立交，长约 14.5 千米，利用克拉玛依市城区道路过境。项目是在原有二级公路的基础上改扩建的。最初的二级公路是由新疆交通运输部门、克拉玛依石油管理部门局和沿线团场共同出资修建的，于 1981—1988 年分三期工程逐步实施。受当时经济条件的限制，在一级公路扩建时采用了旧路利用加宽扩建的方案，道路设施不够完善，且由于平面交叉口的多，交通事故频发，行车条件较差，车速被交通管制。

随着经济社会的不断发展，拟建项目交通量日益增长，急需将克拉玛依至五工台段（原 S201 线）改扩建为高速公路。S20 五工台—克拉玛依高速公路（简称"S20 项目"，下同）是《新疆维吾尔自治区省道网规划（2016—2030 年）》中新增的省级高速，也是 S20 乌鲁木齐至克拉玛依高速公路的重要组成部分。该公路主要功能是连接乌鲁木齐市与各地市，便捷联系乌鲁木齐、克拉玛依及沿线各县市、乡镇及团场，构建天山北坡国家级城镇化地区。

4.1.2　工程概况

1）路线方案

S20 项目起点位于 G3014 奎克高速公路克拉玛依南收费站以南约 2 千米处，起点桩号为 K8＋253.978；终点位于 S201 线五工台镇乱山子村，终点桩号 K213＋125。路线主要控制点为克拉玛依农业开发区、红山咀采油区、136 团团部、小拐乡、134 团团部、121 团团部、四道河子、老沙湾镇、柳毛湾镇、石河子农场、新湖农场、呼图壁工业园。路线全长 206.692 千米，新建路段长 19.392 千米，改建路段长 187.3 千米，收费里程全长 206.517 千米。

2）技术标准

本项目采用双向四车道高速公路标准建设，整体式路基；新建路段设计速度 100 千米/小时，路基宽度 26 米，桥涵设计荷载采用公路－Ⅰ级；改建路段设计速度 100 千米/小时，路基宽度维持既有公路 25.5 米不变，既有公路桥涵设计荷载维持汽－超 20，挂 120；其他技术指标按《公路工程技术标准》（JTG B01—2014）执行。

3）建设规模

全线共设大桥 166.5 米/1 座，中桥 316.5 米/5 座，小桥 297 米/13 座，分离式立交 21 处（其中公铁立交 1 处），天桥 27 座，主线涵洞 283 道（新建 12 道，利用 271 道）。全线共设置辅道 30 段，总长 141.785 千米，辅道分段落采用三、四级公路标准，路基宽度分别采用 8.5 米、6.5 米、4.5 米，辅道设大桥 106.5 米/1 座，中桥 381 米/8 座，小桥 135 米/6 座，涵洞 82 道，管线交叉 124 处。设置 9 处互通立交，主线收费站 2 处（小拐收费站、五工台收费站），匝道收费站 7 处（134 团匝道收费站、136 团匝道收费站、呼图壁匝道收费站、柳毛湾匝道收费站、炮台匝道收费站、石莫匝道收费站、新湖匝道收费站），养护工区 4 处，服务区 2 处（含加油站等），停车区 3 处。

4.1.3 交通量预测

1）远景年交通量构成

根据 S20 项目申请报告，预测远景交通量由趋势交通量、诱增交通量和转移交通量构成。其中，趋势交通量是指随着经济社会发展而增长的交通量，主要通过研究未来经济社会的发展趋势，以及交通量同经济社会发展的相关性，分析预测未来交通量增长的速度，从而计算出未来项目所在通道自然趋势增长交通量。诱增交通量是指由于项目建设，改善了区域路网结构，提高了道路服务水平，从而影响了区域经济和产业布局，使道路两侧部分土地的使用性质发生变化等因素而诱发的新增交通量。转移交通量是由于建设项目的实施，引起区域交通条件的变化，而使其他运输方式与公路建设项目间相互转移的交通量。本项目所在路线主要服务乌昌地区周边与克拉玛依市周边地区之间的中短途出行，因此不单独考虑铁路转移交通量。

2）特征年及预测方法

本项目为经营性收费公路，交通量预测年限为项目投入运营后 30 年，预测基年为 2019 年，预测特征年为 2021 年、2025 年、2030 年、2035 年、2040 年、2045 年及 2050 年。

本项目采用定量计算与定性分析相结合的方法进行交通量预测。首先预测项目影响区经济增长速度，分析经济指标和交通运输指标的相关性，对 OD 小区进行交通发生、吸引量预测。其次充分考虑经济社会发展对交通需求的推动作用，并根据通道内公路网布局情况，考虑路线之间的分流作用和其他运输方式影响，分别计算得出趋势交通量、诱增交通量及转移交通量，并在规划路网上进行交通量分配。

3）交通量预测结果

未来各特征年本项目交通量预测结果见表 4-1。

表 4-1　各特征年交通量预测结果　　　　　单位：pcu/d

特征年	加权平均
2021 年	10 946
2025 年	13 127
2030 年	15 940
2035 年	18 481
2040 年	21 421
2045 年	24 085
2050 年	26 121

车型比例预测结果见表 4-2。

表 4-2　各特征年车型比例预测结果（绝对值）

特征年	1类客车	2类客车	3类客车	4类客车	1类货车	2类货车	3类货车	4类货车	5类货车
2021 年	42.14%	7.56%	1.08%	8.28%	10.21%	4.43%	4.61%	6.20%	15.48%
2025 年	42.30%	7.59%	1.08%	8.19%	9.96%	4.11%	4.68%	6.36%	15.72%
2030 年	42.46%	7.62%	1.09%	8.11%	9.71%	3.79%	4.75%	6.52%	15.96%
2035 年	42.61%	7.62%	1.09%	8.02%	9.46%	3.47%	4.82%	6.68%	16.20%
2040 年	42.77%	7.68%	1.10%	7.93%	9.21%	3.15%	4.89%	6.84%	16.44%
2045 年	42.92%	7.70%	1.10%	7.84%	8.96%	2.83%	4.96%	7.00%	16.68%
2050 年	43.08%	7.73%	1.10%	7.75%	8.71%	2.51%	5.03%	7.16%	16.92%

依据本项目交通量预测结果和车型比例情况，将交通量（折算值）换算为本项目收费交通量（分车型绝对值），详见表 4-3。

第 4 章　S20 五工台—克拉玛依一级改高速公路建设项目收费定价

表 4-3　收费车型交通量预测结果

单位：辆/日

特征年	一类（客）	二类（客）	三类（客）	四类（客）	一类（货）	二类（货）	三类（货）	四类（货）	五类（货）	六类（货）
2021 年	2 680	481	69	527	649	282	293	394	788	197
2025 年	3 208	576	82	621	755	312	355	482	954	238
2030 年	3 887	698	100	742	889	347	435	597	1 169	292
2035 年	4 496	804	115	846	998	366	509	705	1 367	342
2040 年	5 262	945	135	976	1 133	388	602	842	1 618	405
2050 年	6 398	1 148	163	1 151	1 294	373	747	1 063	2 010	503

4.1.4　项目总投资

根据《自治区发展改革委关于 S20 五工台至克拉玛依一级改高速公路项目核准的批复》，本项目推荐方案投资估算 45.25 亿元，其中项目资本金为 15.25 亿元（约占总投资的 33.7%）。

根据《关于 S20 五工台至克拉玛依一级改高速公路项目初步设计的批复》，本项目工程概算总金额 46.59 亿元，其中建筑安装工程费 35.85 亿元。

根据《S20 五工台至克拉玛依一级改高速公路项目两阶段施工图预算的批复》，本项目预算总金额 45.85 亿元，其中建筑安装工程费 36.12 亿元。

4.1.5　S201 线克拉玛依至榆树沟公路认定

S20 项目原有公路为 S201 线克拉玛依至榆树沟段一级收费公路项目，改扩建为高速公路后存在收费里程变化缩减、既有老路 S201 线剩余债务化解及剩余路段养护成本支出责任特殊情况。

1）S201 线小拐收费站里程核减

根据《关于省道 S201 克拉玛依至榆树沟公路设站收取车辆通行费的批复》，S201 线全长 256 千米，设置 3 处主线收费站，分别为小拐收费站

（K20＋500）、沙门子收费站（K75＋750）、新湖收费站（K157＋750）。其中，S201 小拐收费站收费区间为克拉玛依至小拐镇，收费里程 42 千米。根据《S20 五工台至克拉玛依一级改高速公路项目两阶段施工图设计文件》，S201 小拐收费站收费区间由原克拉玛依至小拐镇变更为克拉玛依（K0＋000）至 S20 项目改建段起点（K25＋825），收费里程由原 42 千米核减为 25.825 千米，核减后小拐收费站的收费标准、收费年限与原批复保持一致。

2）S201 线剩余债务分析

根据公路资产专项审计报告，截至 2019 年 6 月 30 日，S201 线克拉玛依至榆树沟公路和 S221 线塔城至额敏至托里公路仍有存量统贷贷款 17.532 3 亿元。但由于 S201 线克拉玛依至榆树沟项目采用统贷统还的还贷方式，难以将打包借款合同中各项目的剩余债务精准拆分。根据新疆发改部门批复的关于 S20 项目申请报告内容，S201 线截至 2018 年仍剩余债务 8.77 亿元。

3）S201 线剩余路段养护成本支出责任

（1）S201 线克拉玛依九千米立交至 S20 改建段起点段。根据《关于省道 S201 克拉玛依至榆树沟公路设站收取车辆通行费的批复》，S201 线自 2006 年 12 月 1 日起收费，收费期限暂定为 20 年。S201 线剩余的小拐收费站收费里程核减为 25.825 千米，预计于 2026 年 11 月 30 日到期。且由于小拐收费站收费里程较短以及 S201 小拐收费站和 S20 古海收费站间距不足 5 千米的原因，S201 小拐收费站在原收费到期后是否可以延期收费存在一定的风险，如果 S201 小拐收费站在 2027 年到期不能续期收费，S201 线克拉玛依九千米立交至 S20 改扩建段起点段将失去养护大修成本的支出能力。为保障该路段通行能力和服务水平维持在良好状态，建议由 S20 项目承担该段落到期后的养护大修成本，即由 S20 项目承担该段落 2027 年至 S20 项目运营期末的养护大修的支出责任。

（2）S201 线五工台至榆树沟段。考虑由于 S20 项目建设，拆除原新湖主线收费站，导致该路段失去收费能力和养护大修成本支出能力。而目前 S201 线剩余的小拐主线收费站核减收费里程后仅收取 25.825 千米的通行费，收入水平下降。若将 S201 线榆树沟至五工台段的养护大修成本纳入小拐收费站的支出责任中，存在收入与支出责任不匹配的资产管理风险。建议由 S20 项目承担 S201 线榆树沟至五工台段（42.875 千米）的养护大修成本支出责任。

综上所述，按照 S20 项目承担 S201 线 8.77 亿元剩余债务的标准进行 S20 项目的收费标准测算，同时将 S201 榆树沟至五工台段（42.875 千米）和 2027 年后克拉玛依九千米立交至 S20 改建段起点段（25.825 千米）的养护大修成本纳入 S20 项目收费标准测算中一并考虑。

4.2　筹融资模式与资金结构

S20 项目采用政府资产授权交投经营模式实施，新疆交投在建设期申请了改扩建收费公路专项债，并将一定比例的专项债用于项目资本金，按照"专项债券＋市场化融资"模式实施。

本次使用概算批复金额作为收费标准的测算依据。项目概算总投资 46.59 亿元，资金结构为"专项债＋社会资本自有资金＋银行贷款"。

4.3　基于现行收费定价测算

4.3.1　收费可行性

根据《中华人民共和国公路法》《收费公路管理条例》有关规定，本项目符合高速公路收费距离的要求，建设资金筹措方式也符合国家收费公路建设的要求，前期工作符合收费公路建设管理程序。因此，S20 项目符合国家收费公路建设规定。

4.3.2 收费定价测算边界条件

1）项目总投资

（1）概算投资。本次收费定价测算依据为概算批复金额。项目工程概算总金额46.59亿元。

（2）存量债务资金。按照S20项目承担S201线8.77亿元剩余债务的标准进行S20项目的收费标准测算。

（3）投融资结构。根据《国务院关于加强固定资产投资项目资本金管理的通知》（国发〔2019〕26号），机场项目最低资本金比例维持25%不变，其他基础设施项目维持20%不变。其中，公路（含政府收费公路）、铁路、城建、物流、生态环保、社会民生等领域的补短板基础设施项目，在投资回报机制明确、收益可靠、风险可控的前提下，可以适当降低项目最低资本金比例，但下调不得超过5个百分点。本项目在工程可行性研究报告批复的项目资本金比例基础上进行调整，结构见表4-4。

表4-4 本项目资金筹措方案   单位：亿元

资金性质		资金来源	金额	占比
总投资	资本金	专项债	1.55	占资本金17%
		企业自有资金	7.72	占资本金83%
		小计	9.27	占总投资20%
	债务资金	专项债	5.15	占债务资金14%
		银行贷款	32.17	占债务资金86%
		小计	37.32	占总投资80%
	合计		46.59	—

注：数据均来自公开发行的地方政府专项债券数据。

2）收费期限

根据新疆人民政府《关于同意S20五工台至克拉玛依段高速公路项目

设站收取车辆通行费及其衔接路段收费事宜的复函》,暂定本项目收费期限为 30 年。

3)收费系数

根据有关政策文件,本项目客车分车型收费系数采用原分车型收费系数即 1∶1.5∶2∶3.6;货车收费系数为 1∶1.35∶3.10∶4.29∶4.81∶6.84。车型与收费系数划分见表 4-5、表 4-6。

表 4-5 本项目客车收费车型分类及收费系数

类别	车辆类型	核定载人数	说明	收费系数
1 类客车	微型、小型	≤9	车长小于 6 000 毫米且核定载人数不大于 9 人的载客汽车	1
2 类客车	中型	10~19	车长小于 6 000 毫米且核定载人数为 10~19 人的载客汽车	1.5
	乘用车列车	—		
3 类客车	大型	≤39	车长不小于 6 000 毫米且核定载人数不大于 39 人的载客汽车	2
4 类客车		≥40	车长不小于 6 000 毫米且核定载人数不小于 40 人的载客汽车	3.6

表 4-6 本项目货车收费车型分类及收费系数

类别	总轴数(含悬浮轴)	货车	收费系数
1 类货车	2	车长小于 6 000 毫米且最大允许总质量小于 4 500 千克	1
2 类货车	2	车长不小于 6 000 毫米或最大允许总质量不小于 4 500 千克	1.35
3 类货车	3		3.1
4 类货车	4		4.29
5 类货车	5		4.81
6 类货车	6	>6 轴(专项作业车总轴数>6 的仍划分为 6 类)	6.84

4）利息支出

政府专项债券共发行 2 期。根据实际债券发行情况，一期专项债券发行时间为 2020 年，债券金额为 2.5 亿元，利率为 3.73%，年限为 15 年。二期专项债券发行时间为 2021 年，债券金额为 4.2 亿元，利率为 3.74%，年限为 15 年。

银行贷款利率参考收费定价批复时的 5 年期以上 LPR 计算，即 4.6%。实际贷款利率与 5 年期以上 LPR 之间的差额风险由新疆交投自主承担，运营期内采用等额本息方式还款，利息支出仅包含新增债务利息。

5）经营成本

（1）养护成本。批复的工程可行性研究报告按照 S20 项目日常养护费用 10 万元/千米，S201 项目日常养护费用 7 万元/千米，大修费用按 150 万元/千米计，年均增长率取 3%，大修当年日常养护费用按正常推算当年费用的 50% 进行考虑。

（2）运营管理成本。根据批复的工程可行性研究报告，本项目 9 个收费站车道数、收费站人员数量及收费站人员工资见表 4-7，共计人员 344

表 4-7 本项目收费站人员工资费用

收费站	车道数/个	收费站人员数量/人	收费站人员工资/万元
收费站 1	7	45	393
收费站 2	6	31	267
收费站 3	6	31	267
收费站 4	6	31	267
收费站 5	6	31	267
收费站 6	12	64	559
收费站 7	6	31	267
收费站 8	6	31	267
收费站 9	8	49	430
合计	63	344	2984

人，通车第一年运营管理成本共 2 984 万元，通车第二年后按 3% 递增。

6）有效收费比例及减免优惠政策

根据《2019 年新疆维吾尔自治区收费公路统计公报》，全区收费公路通行费减免比例约为 11.8%，本次按有效收费比例 88.2% 进行测算。

根据《关于调整收费公路收费标准及相关收费政策的通知》，ETC 车辆予以 95 折优惠，本次按 ETC 车辆所占比例 50% 进行测算。

根据《重大节假日免收小型客车通行费实施方案》，全国 7 座以下（含 7 座）载客车辆免费通行的时间范围为春节（7 天）、清明节（3 天）、劳动节（3 天）、国庆节（7 天）等四个国家法定节假日，以及肉孜节（1 天）和古尔邦节（5 天）两个本地节日。

7）税率

（1）增值税及附加税。根据《关于全面推开营业税改征增值税试点的通知》（财税〔2016〕36 号），经国务院批准，自 2016 年 5 月 1 日起，在全国范围内全面推开"营改增"试点，涉及建筑业、房地产业、金融业、生活服务业等全部原营业税纳税人。

根据《财政部、税务总局、海关总署关于深化增值税改革有关政策的公告》（财政部、税务总局、海关总署公告 2019 年第 39 号），从 2019 年 4 月 1 日起，纳税人发生增值税应税销售行为或者进口货物，原适用 16% 和 10% 税率的，税率分别调整为 13%、9%。

① 增值税税率：财政部、国家税务总局发布的《营业税改征增值税试点有关事项的规定》文件中第（九）款不动产经营租赁服务规定："公路经营企业中的一般纳税人收取试点前开工的高速公路的车辆通行费，可以选择适用简易计税方法，减按 3% 的征收率计算应纳税额。试点前开工的高速公路，是指相关施工许可证明上注明的合同开工日期在 2016 年 4 月 30 日前的高速公路。"本项目开工日期是 2017 年，属于在 2016 年 4 月 30 日后开工建设的高速公路。所以本项目增值税按照 9% 进行计算。

② 附加税税率：本项目附加税包括城市维护建设税、教育费附加、地方教育附加，均以本项目实际缴纳的增值税为计税依据，城市维护建设税、

教育费附加、地方教育附加税率分别为 7%、3%、2%。

（2）企业所得税。根据《中华人民共和国企业所得税法》《中华人民共和国企业所得税法实施条例》，本项目适用的所得税税率为 25%。

8）基准收益率

根据《国家发展改革委、住房城乡建设部关于调整部分行业建设项目财务基准收益率的通知》（发改投资〔2013〕586 号），政府收费项目资本金税后财务基准收益率为 4.5%，经营性项目资本金税后财务基准收益率为 6.0%。本次按照资本金税后财务基准收益率 6.0% 进行测算。

4.3.3 基于常规政策收费定价测算

1）收费标准测算

基于批复概算投资、资金筹措及工程可行性研究报告经营成本支出情况，采用现行政府还贷模型测算得到一类客货车收费标准为 0.44 元/（车·千米）。在收费 30 年的情况下，项目资本金所得税前及所得税后项目投资财务内部收益率分别为 8.10%、6.00%，所得税前、税后财务内部收益率均大于或等于财务基准收益率 6.0%，净现值分别为 34 401 万元、0 万元。

2）收费收入测算

在收费收入计算中考虑节假日减免和免费通行车辆，免费通行的车辆范围为行驶收费公路的 7 座以下（含 7 座）载客车辆，本项目运营期各年客、货车分车型收费收入测算见表 4-8、表 4-9。

表 4-8 本项目运营期各年客车分车型收费收入

单位：万元

年份	分车型收费收入				收费收入合计
	一类（客）	二类（客）	三类（客）	四类（客）	
2021	228	61	12	161	462
2022	7 390	2 129	405	5 575	15 499
2023	7 730	2 227	423	5 810	16 189

第4章 S20 五工台—克拉玛依一级改高速公路建设项目收费定价

（续表）

年份	分车型收费收入				收费收入合计
	一类（客）	二类（客）	三类（客）	四类（客）	
2024	8 085	2 329	442	6 054	16 910
2025	8 456	2 436	462	6 309	17 663
2026	8 787	2 532	481	6 538	18 338
2027	9 131	2 631	500	6 776	19 038
2028	9 489	2 734	520	7 022	19 765
2029	9 861	2 841	541	7 277	20 520
2030	10 247	2 953	563	7 542	21 304
2031	10 550	3 038	579	7 742	21 908
2032	10 861	3 125	596	7 947	22 530
2033	11 182	3 215	613	8 158	23 168
2034	11 512	3 308	631	8 374	23 826
2035	11 853	3 403	649	8 596	24 501
2036	12 232	3 515	671	8 845	25 262
2037	12 623	3 630	693	9 100	26 046
2038	13 026	3 749	716	9 363	26 854
2039	13 443	3 872	739	9 633	27 688
2040	13 873	4 000	764	9 911	28 547
2041	14 147	4 078	778	10 077	29 080
2042	14 426	4 158	793	10 245	29 622
2043	14 711	4 240	808	10 415	30 174
2044	15 001	4 324	824	10 589	30 737
2045	15 297	4 409	839	10 766	31 311
2046	15 599	4 495	855	10 945	31 895

（续表）

年份	分车型收费收入				收费收入合计
	一类（客）	二类（客）	三类（客）	四类（客）	
2047	15 907	4 584	871	11 127	32 490
2048	16 221	4 674	888	11 313	33 096
2049	16 542	4 766	905	11 502	33 714
2050	16 360	4 713	894	11 341	33 308

表 4-9　本项目运营期各年货车分车型收费收入　　　　单位：万元

年份	分车型收费收入						收费收入合计
	一类（货）	二类（货）	三类（货）	四类（货）	五类（货）	六类（货）	
2021	55	32	77	144	322	115	745
2022	1 903	1 101	2 690	5 020	11 214	3 987	25 915
2023	1 976	1 129	2 822	5 279	11 763	4 182	27 151
2024	2 052	1 158	2 960	5 552	12 339	4 387	28 447
2025	2 131	1 187	3 104	5 838	12 943	4 602	29 806
2026	2 202	1 213	3 233	6 092	13 481	4 793	31 014
2027	2 275	1 239	3 367	6 358	14 041	4 992	32 272
2028	2 350	1 266	3 507	6 635	14 624	5 199	33 581
2029	2 428	1 294	3 652	6 924	15 232	5 415	34 944
2030	2 508	1 322	3 804	7 225	15 864	5 640	36 363
2031	2 567	1 336	3 925	7 470	16 370	5 820	37 487
2032	2 627	1 350	4 050	7 722	16 892	6 005	38 647
2033	2 689	1 365	4 179	7 983	17 431	6 197	39 844
2034	2 752	1 380	4 312	8 253	17 987	6 394	41 078

（续表）

年份	分车型收费收入						收费收入合计
	一类（货）	二类（货）	三类（货）	四类（货）	五类（货）	六类（货）	
2035	2 817	1 395	4 449	8 532	18 561	6 598	42 352
2036	2 889	1 411	4 601	8 840	19 196	6 824	43 761
2037	2 963	1 427	4 758	9 160	19 853	7 058	45 219
2038	3 039	1 443	4 921	9 490	20 533	7 300	46 726
2039	3 117	1 460	5 089	9 833	21 236	7 550	48 284
2040	3 198	1 476	5 263	10 188	21 963	7 808	49 896
2041	3 240	1 471	5 378	10 429	22 445	7 979	50 942
2042	3 283	1 465	5 496	10 676	22 938	8 155	52 012
2043	3 327	1 459	5 616	10 928	23 441	8 334	53 106
2044	3 372	1 454	5 739	11 187	23 955	8 516	54 223
2045	3 417	1 448	5 865	11 452	24 481	8 703	55 366
2046	3 462	1 442	5 993	11 723	25 018	8 894	56 533
2047	3 508	1 437	6 124	12 001	25 567	9 089	57 727
2048	3 555	1 431	6 258	12 285	26 128	9 289	58 947
2049	3 602	1 426	6 395	12 576	26 702	9 493	60 194
2050	3 540	1 377	6 338	12 486	26 465	9 409	59 616

客车通行费收入与货车通行费收入之和为通行费总收入，测算结果见表 4-10。

表 4-10　本项目运营期各年货车分车型收费收入　　单位：万元

年份	客车通行费收入	货车通行费收入	合　　计
2021	462	745	1 208
2022	15 499	25 915	41 415

（续表）

年份	客车通行费收入	货车通行费收入	合　计
2023	16 189	27 151	43 341
2024	16 910	28 447	45 358
2025	17 663	29 806	47 469
2026	18 338	31 014	49 352
2027	19 038	32 272	51 310
2028	19 765	33 581	53 346
2029	20 520	34 944	55 464
2030	21 304	36 363	57 667
2031	21 908	37 487	59 396
2032	22 530	38 647	61 177
2033	23 168	39 844	63 012
2034	23 826	41 078	64 904
2035	24 501	42 352	66 853
2036	25 262	43 761	69 023
2037	26 046	45 219	71 265
2038	26 854	46 726	73 580
2039	27 688	48 284	75 972
2040	28 547	49 896	78 443
2041	29 080	50 942	80 022
2042	29 622	52 012	81 634
2043	30 174	53 106	83 280
2044	30 737	54 223	84 961
2045	31 311	55 366	86 676
2046	31 895	56 533	88 428

（续表）

年份	客车通行费收入	货车通行费收入	合　计
2047	32 490	57 727	90 217
2048	33 096	58 947	92 043
2049	33 714	60 194	93 908
2050	33 308	59 616	92 924

注：以上收入数据均为基于预测的学术值，项目实际运营为准。

3）经营成本测算

（1）养护成本及大修费用。本项目运营期各年养护成本及大修费用测算见表4-11。

表 4-11　本项目运营期各年养护成本及大修费用

单位：万元

年份	日常养护费	大　修　费	养护成本及大修费用
2021	2 367		2 367
2022	2 438		2 438
2023	2 511		2 511
2024	2 587		2 587
2025	2 664		2 664
2026	2 744		2 744
2027	3 042		3 042
2028	3 133		3 133
2029	3 228		3 228
2030	1 662	53 899	55 561
2031	3 424		3 424
2032	3 527		3 527
2033	3 633		3 633

（续表）

年份	日常养护费	大　修　费	养护成本及大修费用
2034	3 742		3 742
2035	3 854		3 854
2036	3 969		3 969
2037	4 089		4 089
2038	4 211		4 211
2039	4 337		4 337
2040	2 234	72 435	74 669
2041	4 602		4 602
2042	4 740		4 740
2043	4 882		4 882
2044	5 028		5 028
2045	5 179		5 179
2046	5 335		5 335
2047	5 495		5 495
2048	5 659		5 659
2049	5 829		5 829
2050	3 002	97 347	100 349

（2）运营管理成本。本项目运营期各年运营管理成本测算见表4-12。

表 4-12　本项目运营期各年运营管理成本

单位：万元

年份	运营管理成本	年份	运营管理成本
2021	2 984	2036	4 647
2022	3 072	2037	4 787

（续表）

年份	运营管理成本	年份	运营管理成本
2023	3 165	2038	4 930
2024	3 260	2039	5 078
2025	3 357	2040	5 231
2026	3 458	2041	5 388
2027	3 562	2042	5 549
2028	3 669	2043	5 716
2029	3 779	2044	5 887
2030	3 892	2045	6 064
2031	4 009	2046	6 246
2032	4 129	2047	6 433
2033	4 253	2048	6 626
2034	4 381	2049	6 825
2035	4 512	2050	7 030

4.4 三维视角下收费定价测算

采用三维视角下新疆经营性公路收费定价方法对 S20 项目收费标准进行测算。

4.4.1 计算满足投资者合理回报的收费标准 P_1

1）收费定价测算边界条件

考虑项目全生命周期的支出情况，以满足投资者合理收益为目标，计算满足投资者合理收益条件下的收费标准 P_1。根据前文 3.4 投资者视角下经营性公路收费定价需求中养护运营管理成本分析结论，S20项目位于北疆地区，本次按单千米日常养护费用（不含大中修）24万元/千米，日常管理费用22万元/千米进行测算。

计算满足投资者合理回报的收费标准时，除养护及运营管理成本外，其他财务测算边界条件如项目总投资、收费期限、收费系数、利息支出等均与现行收费定价测算方法保持一致。

2）收费标准测算

采用北疆地区单千米养护及运营管理成本研究成果数据，测算得到满足投资者合理回报的一类客货车收费标准 $P1$ 为 0.49 元/（车·千米）。在收费30年的情况下，本项目资本金所得税前及所得税后项目投资财务内部收益率分别为 8.08%、6.00%，所得税前、税后财务内部收益率均大于或等于财务基准收益率 6.0%，净现值分别为 35 025 万元、0 万元。

3）收费收入测算

采用北疆地区单千米养护及运营管理成本研究成果数据，本项目运营期各年客、货车分车型收费收入测算见表4-13、表4-14。

表4-13 本项目运营期各年客车分车型收费收入

单位：万元

年份	分车型收费收入				收费收入合计
	一类（客）	二类（客）	三类（客）	四类（客）	
2021	260	70	13	184	527
2022	8 433	2 429	462	6 361	17 685
2023	8 820	2 541	483	6 629	18 473
2024	9 225	2 658	505	6 908	19 295
2025	9 649	2 780	527	7 199	20 154
2026	10 027	2 889	549	7 460	20 924
2027	10 419	3 002	571	7 731	21 723

第4章 S20五工台—克拉玛依一级改高速公路建设项目收费定价

（续表）

年份	分车型收费收入				收费收入合计
	一类（客）	二类（客）	三类（客）	四类（客）	
2028	10 827	3 120	594	8 012	22 553
2029	11 251	3 242	618	8 304	23 414
2030	11 692	3 369	643	8 605	24 309
2031	12 037	3 466	661	8 834	24 998
2032	12 393	3 566	680	9 068	25 707
2033	12 759	3 669	700	9 308	26 436
2034	13 136	3 774	720	9 555	27 186
2035	13 524	3 883	741	9 809	27 957
2036	13 957	4 011	765	10 092	28 824
2037	14 403	4 142	790	10 383	29 719
2038	14 863	4 278	817	10 683	30 642
2039	15 339	4 419	844	10 992	31 593
2040	15 829	4 564	872	11 309	32 574
2041	16 142	4 653	888	11 498	33 181
2042	16 460	4 745	905	11 689	33 800
2043	16 785	4 838	922	11 884	34 430
2044	17 117	4 933	940	12 082	35 072
2045	17 455	5 030	958	12 284	35 727
2046	17 799	5 129	976	12 489	36 393
2047	18 151	5 230	994	12 697	37 072
2048	18 509	5 333	1 013	12 908	37 764
2049	18 875	5 438	1 032	13 124	38 469
2050	18 667	5 378	1 020	12 940	38 006

表 4-14　本项目运营期各年货车分车型收费收入　　　单位：万元

年份	分车型收费收入						收费收入合计
	一类（货）	二类（货）	三类（货）	四类（货）	五类（货）	六类（货）	
2021	63	37	88	164	368	131	851
2022	2 171	1 256	3 070	5 728	12 796	4 549	29 570
2023	2 255	1 288	3 220	6 024	13 422	4 772	30 981
2024	2 342	1 321	3 377	6 335	14 080	5 005	32 459
2025	2 432	1 355	3 542	6 662	14 769	5 251	34 010
2026	2 512	1 384	3 689	6 952	15 382	5 469	35 388
2027	2 595	1 414	3 842	7 254	16 021	5 696	36 823
2028	2 681	1 445	4 001	7 570	16 687	5 932	38 317
2029	2 770	1 476	4 167	7 900	17 380	6 179	39 872
2030	2 862	1 508	4 340	8 244	18 102	6 435	41 491
2031	2 929	1 524	4 478	8 523	18 679	6 641	42 774
2032	2 998	1 541	4 621	8 811	19 275	6 852	44 098
2033	3 068	1 558	4 768	9 109	19 889	7 071	45 463
2034	3 140	1 574	4 920	9 417	20 524	7 296	46 872
2035	3 214	1 591	5 076	9 736	21 178	7 529	48 325
2036	3 296	1 610	5 250	10 087	21 903	7 787	49 933
2037	3 381	1 628	5 429	10 451	22 653	8 053	51 597
2038	3 468	1 647	5 615	10 829	23 429	8 329	53 316
2039	3 557	1 666	5 807	11 219	24 231	8 614	55 094
2040	3 649	1 685	6 005	11 624	25 061	8 909	56 933
2041	3 697	1 678	6 137	11 900	25 611	9 105	58 127
2042	3 746	1 672	6 271	12 181	26 173	9 305	59 348

（续表）

年份	分车型收费收入						收费收入合计
	一类（货）	二类（货）	三类（货）	四类（货）	五类（货）	六类（货）	
2043	3 796	1 665	6 408	12 470	26 747	9 509	60 595
2044	3 847	1 659	6 548	12 765	27 334	9 717	61 871
2045	3 898	1 652	6 692	13 067	27 934	9 931	63 174
2046	3 950	1 646	6 838	13 377	28 547	10 149	64 507
2047	4 003	1 639	6 988	13 693	29 173	10 371	65 868
2048	4 056	1 633	7 141	14 018	29 813	10 599	67 260
2049	4 111	1 627	7 297	14 350	30 468	10 832	68 683
2050	4 040	1 572	7 232	14 247	30 198	10 736	68 024

客车通行费收入与货车通行费收入之和为通行费总收入，测算结果见表 4-15。

表 4-15　本项目运营期各年货车分车型收费收入　单位：万元

年份	客车通行费收入	货车通行费收入	合　计
2021	527	851	1 378
2022	17 685	29 570	47 255
2023	18 473	30 981	49 453
2024	19 295	32 459	51 755
2025	20 154	34 010	54 164
2026	20 924	35 388	56 312
2027	21 723	36 823	58 546
2028	22 553	38 317	60 870
2029	23 414	39 872	63 287

（续表）

年份	客车通行费收入	货车通行费收入	合　　计
2030	24 309	41 491	65 800
2031	24 998	42 774	67 772
2032	25 707	44 098	69 805
2033	26 436	45 463	71 899
2034	27 186	46 872	74 057
2035	27 957	48 325	76 282
2036	28 824	49 933	78 758
2037	29 719	51 597	81 316
2038	30 642	53 316	83 958
2039	31 593	55 094	86 687
2040	32 574	56 933	89 506
2041	33 181	58 127	91 308
2042	33 800	59 348	93 147
2043	34 430	60 595	95 026
2044	35 072	61 871	96 943
2045	35 727	63 174	98 901
2046	36 393	64 507	100 900
2047	37 072	65 868	102 941
2048	37 764	67 260	105 024
2049	38 469	68 683	107 152
2050	38 006	68 024	106 030

注：以上收入数据均为基于预测的学术值，项目实际收入以实际运营为准。

4）经营成本测算

（1）养护成本及大修费用。采用北疆地区单千米养护及运营管理成本研究成果数据，本项目运营期各年养护成本及大修费用测算见表4-16。

表4-16 本项目运营期各年养护成本及大修费用　　　　单位：万元

年份	日常养护费	大 修 费	养护成本及大修费用
2021	5 261		5 261
2022	5 419		5 419
2023	5 581		5 581
2024	5 749		5 749
2025	5 921		5 921
2026	6 099		6 099
2027	6 497		6 497
2028	6 692		6 692
2029	6 893		6 893
2030	3 550	53 899	57 449
2031	7 313		7 313
2032	7 532		7 532
2033	7 758		7 758
2034	7 991		7 991
2035	8 231		8 231
2036	8 478		8 478
2037	8 732		8 732
2038	8 994		8 994
2039	9 264		9 264
2040	4 771	72 435	77 206

（续表）

年份	日常养护费	大 修 费	养护成本及大修费用
2041	9 828		9 828
2042	10 123		10 123
2043	10 426		10 426
2044	10 739		10 739
2045	11 061		11 061
2046	11 393		11 393
2047	11 735		11 735
2048	12 087		12 087
2049	12 450		12 450
2050	6 412	97 347	103 759

（2）运营管理成本。采用北疆地区单千米养护及运营管理成本研究成果数据，本项目运营期各年运营管理成本测算见表4-17。

表4-17 本项目运营期各年运营管理成本

单位：万元

年份	运营管理成本	年份	运营管理成本
2021	4 547	2036	7 084
2022	4 684	2037	7 297
2023	4 824	2038	7 516
2024	4 969	2039	7 741
2025	5 118	2040	7 974
2026	5 271	2041	8 213
2027	5 430	2042	8 459
2028	5 593	2043	8 713

（续表）

年份	运营管理成本	年份	运营管理成本
2029	5 760	2044	8 974
2030	5 933	2045	9 244
2031	6 111	2046	9 521
2032	6 294	2047	9 807
2033	6 483	2048	10 101
2034	6 678	2049	10 404
2035	6 878	2050	10 716

4.4.2　计算项目生存模式下的收费标准 $P4$

项目生存模式定义即净利润为零，营业收入＝经营成本＋折旧＋摊销＋利息＋税金及附加，项目满足生存模式的收费标准＝（经营成本＋折旧＋摊销＋利息＋税金及附加）/（有效交通量 × 收费里程）。生存模式下的收费标准计算方法与新疆发展改革委成本监审定价方法基本一致。根据《政府制定价格成本监审办法》，进行成本监审时需对项目成本资料进行收集和统计分析，包含折旧及摊销费、职工薪酬、修理费、燃料动力费、管理费用、财务费用、计提的安全生产费、相关税金等，并扣除财政补助、专项基金收入和其他业务收入等成本数据，得出定价总成本。同时，根据交通量计算得到每辆车收费成本，最后结合总里程确定单千米每辆车收费成本，即项目满足生存模式的收费标准。

依据《政府制定价格成本监审办法》及相关规定，遵循合法性、合理性和相关性等原则，按照有关标准核增或核减应计入或不应计入定价成本的费用，主要对项目工程核准批复文件、设计施工图评审意见、专项收费评估报告等文件资料进行审核、调整和测算，核定单位定价成本。工程投资按照政府主管部门批复的项目核准文件确定，如设计施工图预算投资批复比核准投资少的，按施工图预算投资确定；专项贷款参照同期市场报价利率确定，实际利率低于同期市场报价利率的按实际利率核算；折旧及摊销费按 30 年计算摊销年回收成本；年运行成本按公路运营规定标准进行测算；扣除项目按 30 年计算的摊销或折旧；年车流量按项目申请报告测算到 2023 年车流量（折合成标准小客车）。

本项目运营前三年按工作量法计提的无形资产摊销平均值为 14 374 万元，总成本费用为 40 842.46 万元，项目运营期前三年平均收费交通量为 484.75 万辆，收费里程为 206.517 千米，通过测算得出每辆车收费成本为 0.41 元/（车·千米），即项目生存模式下的一类客货车收费标准 P_4 为 0.41 元/（车·千米）。

4.4.3 运用级差效益理论测算使用者能够接受的级差效益区间上限价 P_2

在区域路网中，并行公路彼此间属于替代性产品，若某条公路收费过高，压抑了用户的支付意愿，则表明出行者本应享受的级差效益度被经营者剥夺，车流量将直接转移到替代性公路，直接导致公路经营公司运营收入降低。因此，级差效益值应在企业经营者及道路使用者双方之间均衡分配。由于级差效益分享度的取值直接影响通行费的价格区间，因此公路通行费的标准应小于等于出行者在收费公路项目中所享效益的一定比例。

本次以 S20 五工台至克拉玛依高速和 S201 榆树沟至克拉玛依公路为基础进行级差效益方案测算，测算方法如下：

$$P \leqslant P_1 + (B \times F) \quad (5-1)$$

式中　P——高速公路收费标准价格[元/（车·千米）]；

　　　P_1——一级公路收费标准价格[元/（车·千米）]；

　　　B——车辆选择高速公路出行所产生的级差效益[元/（车·千米）]；

　　　F——高速公路级差效益分享度。世界银行建议值为 30% ~ 50%，本次取 50%。

$$B = B_1 + B_2 + B_3 + B_4 \quad (5-2)$$

式中　B_1——降低行驶成本的效益值[元/（车·千米）]；

B_2——节约时间的效益值 [元/(车·千米)]；

B_3——提高舒适度的效益值 [元/(车·千米)]；

B_4——提高交通安全的效益值 [元/(车·千米)]。

1）降低行驶成本效益测算（B_1）

降低运输成本效益（B_1）主要由燃油消耗、润滑油消耗、轮胎磨损和维修保养费用组成，降低行驶成本效益计算公式为：

$$B_1 = B_{11} + B_{12} + B_{13} + B_{14} \tag{5-3}$$

式中 B_{11}——减少燃油消耗的效益值 [元/(车·千米)]；

B_{12}——减少润滑油消耗的效益值 [元/(车·千米)]；

B_{13}——减少轮胎消耗的效益值 [元/(车·千米)]；

B_{14}——减少维修保养的效益值 [元/(车·千米)]。

降低行驶成本效益测算相关参数取值见表4–18。

表4–18 降低行驶成本效益测算

名称	不平整度（IRI）	平均坡度/（G%）	车速/（千米/小时）	拥挤度（V/C）
本项目（S20）	2%	4%	100	0.3
原有一级（S201）	3%	4%	100	0.34

由于公路改建前后设计速度均为100千米/小时（实际车速受交通管制，通常情况下为80千米/小时），因此本次不考虑行车速度对运输成本的影响，通过调查得知燃油单价为6.98元/升，润滑油单价为34元/升，轮胎价格约为2 000元/套，维修保养10元/千米。分别对燃油消耗、润滑油消耗、轮胎磨损和维修保养费4个方面产生的效益进行测算。降低运输成本效益（B_1）见表4–19。

根据测算结果，与原有S201克拉玛依至榆树沟老路相比，本项目建成后车辆降低行驶成本效益（B_1）为0.141元/(车·千米)。

表 4-19 降低行驶成本效益测算

名称	不平整度	平均坡度	拥挤度（V/C）	合计
减少燃油消耗	0.000 007	0.000 027	0.000 391	0.000 4
减少润滑油	0.000 3	0.000 1	0.001 9	0.002 2
减少轮胎磨损	0.024 9	0.007 8	0.112 0	0.136 9
减少维修费用	0.000 9	0.000 04	0.000 6	0.001 5
合计				0.141

2）节约时间效益测算（B_2）

节约时间的效益分为客车节约时间的效益和货车节约时间的效益，客、货车节约时间效益计算如下式。

$$B_{2k} = \frac{t \times T_k}{L} \quad (5-4)$$

$$B_{2h} = \frac{t \times T_h}{L} \quad (5-5)$$

式中 B_{2k}——客车节约时间效益值［元/（车·千米）］；

B_{2h}——货车节约时间效益值［元/（车·千米）］；

t——全程节约时间（小时）；

T_k——客车单位时间价值（元/小时）；

T_h——货车单位时间价值（元/小时）；

L——本项目里程（千米）。

客、货车单位时间价值计算如下式。

$$T_k = \frac{I \times q}{t_1 \times t_2} \quad (5-6)$$

$$T_h = P_h \times Q_h \times l \quad (5-7)$$

式中 I——新疆人均年收入（元/年）；

q——平均载客量（人）；

t_1——全年天数（天）；

t_2——全天小时数（小时）；

P_h——平均货物价格（元/吨）；

Q_h——平均货物运输量（吨）；

l——社会折现率，取 12%。

根据《2019 年新疆统计公报》和《新疆公路运输业务量报表》，新疆人均年收入约 54 280 元/年，平均载客量约 8 人，平均货物价格约 2 780 元/吨，平均货物运输量约 13 吨。同时分别对客货车进行通行时间模拟，测算实行时间差异。具体模拟及测算情况下表 4–20、表 4–21。

表 4–20　客货车节约时间模拟情况

名称	里程/千米	客车行驶速度/（千米/小时）	货车行驶速度/（千米/小时）	客车行驶时间/小时	货车行驶时间/小时
高速公路	187.3	100	80	1.87	2.34
一级公路	187.3	80	60	2.34	3.12
全程节约时间（t）				0.47	0.78

表 4–21　客货车节约时间效益测算结果

名称	时间价值/[元/（人·吨·小时）]	平均实载（吨·人）	时间价值/[元/（车·小时）]	节约时间/小时	节约时间效益/[元/（车·千米）]
客车	7.391	8	59.129	0.468	0.054
货车	6.258	13	81.348	0.780	0.124
客货车节约时间效益					0.089

根据测算结果，与原有 S201 克拉玛依至榆树沟老路相比，本项目建成后车辆节约时间的效益（B_2）为 0.089 元/（车·千米）。

3）提高舒适度的效益测算（B_3）

高速公路凭借其路面质量好、行车速度快、路况条件好等特点，给使用者带来较舒适的出行体验，提高舒适度的效益计算如下式。

$$B_3 = a \times (V/C)^d \qquad (5-8)$$

式中　a——用户能为顺畅驾驶而不是拥堵驾驶所乐于支付的费用，本次取 0.33；

　　　d——形状参数，本次取 2。

提高舒适度的效益测算 B_3 测算结果见表 4-22。

表 4-22　提高舒适度的效益测算结果 [元/(车·千米)]

名　称	通行水平（V/C）	舒适费用
高速公路	0.3	0.030
一级公路	0.34	0.038
提高舒适度效益值		0.008

根据测算结果，与原有 S201 克拉玛依至榆树沟老路相比，本项目建成后车辆提高舒适度效益（B_3）为 0.008 元/(车·千米)。

4）提高交通安全的效益值（B_4）

一般公路由于路面质量较差，交通干扰较多，车速不稳定等因素，易引发交通事故；而高速公路采用全封闭、全立交的方式，排除外界干扰，大大减少交通事故的发生。据我国统计数据显示，高速公路事故率为 2.5×10^{-6}，直接损失约为 12 000 元；一级公路故率为 10×10^{-6}，直接损失约为 10 000 元。提高交通安全的效益计算如下式。

$$B_4 = \frac{M_1 \times L_1 \times R_1 - M \times L \times R}{L} \quad (5-9)$$

式中　M_1——一级公路交通事故率，本次取 10×10^{-6}；

　　　L_1——一级公路里程（千米）；

　　　R_1——一级公路交通事故损失费（元/次）；

　　　M——高速公路交通事故率，本次取 2.5×10^{-6}；

　　　L——高速公路里程（千米）；

　　　R——高速公路交通事故损失费（元/次）。

提高交通安全的效益值 B_4 测算情况见表 4-23。

表 4-23　提高交通安全的效益值测算结果

单位：元/（车·千米）

名　称	高速公路	二级公路
平均事故损失费	12 000	10 000
平均事故率	2.5	10
提高交通安全的效益		0.07

根据测算结果，与原有 S201 克拉玛依至榆树沟老路相比，本项目建成后车辆提高交通安全效益（B_4）为 0.07 元/（车·千米）。

本项目建设将产生的级差效益值测算结果见表 4-24。

表 4-24　级差效益测算结果

单位：元/（车·千米）

名　称	效益值
降低行驶成本效益	0.141
车辆节约时间效益	0.089
提高舒适度效益	0.008
提高交通安全效益	0.070
合计	0.308

根据测算结果，与原有 S201 克拉玛依至榆树沟老路相比，本项目建成后车辆选择高速公路出行所产生的级差效益（B）为 0.308 元/（车·千米）（即在原一级公路基础上的新增效益）。高速公路级差效益分享度取 50%，得出车辆选择本项目出行产生的高速公路级差效益中使用者能够接受的级差效益区间上限，一类客货车收费标准 P_2 为 0.51 元/（车·千米）。

满足投资者合理回报的收费标准 P_1、项目生存模式下的收费标准 P_4 以及运用级差效益理论测算使用者能够接受的级差效益区间上限价 P_2，测算结果见表 4-25。

表 4-25 三维视角下收费定价测算结果

类　型	收费定价 [元/（车·千米）]
满足投资者合理回报的一类客货车收费标准 $P1$	0.49
项目生存模式下的一类客货车收费标准 $P4$	0.41
使用者能够接受的级差效益区间上限一类客货车收费标准 $P2$	0.51

4.4.4　路网均衡影响评估

从行业主管部门角度，初步判断收费标准能否使区域路网达到均衡状态。

1）本项目区域路网概况

本项目区域路网主要包括 G30 线、G3014 线、G3015 线、G217 线、G312 线、G335 线、G576 线、S201 线等（图 4-1）。

（1）G30 线，简称连霍高速，起点位于江苏省连云港市，终点位于霍尔果斯口岸，全长 4 243 千米。新疆境内起点为哈密市伊州区星星峡，终点为霍尔果斯口岸，新疆境内全长 1 421.2 千米。主要控制点有哈密、吐鲁番、乌鲁木齐、奎屯、霍尔果斯口岸。现状全线已贯通。

（2）G3014 线，简称奎阿高速，起点位于奎屯市，终点位于阿勒泰市，线路均位于新疆境内，全长 539 千米。主要控制点有奎屯、克拉玛依、阿勒泰。现状全线已贯通。

（3）G3015 线，简称奎塔高速，起点位于奎屯市，终点位于巴克图口岸，线路均位于新疆境内，全长 375 千米。主要控制点有奎屯、克拉玛依、塔城、巴克图口岸。现状全线已贯通。

（4）G217 线，简称阿塔线，起点位于阿勒泰，终点位于塔什库尔干，线路均位于新疆境内，全长 1 819.6 千米。主要控制点有阿勒泰、布尔津、克拉玛依、奎屯、库车、沙雅、阿拉尔、阿瓦提、图木舒克、巴楚、麦盖提、莎车、塔什库尔干。现状莎车—塔什库尔干段未贯通，里程 226 千米。

（5）G312 线，简称沪霍线，起点位于上海，终点位于霍尔果斯口岸，全长 4 847 千米。新疆境内起点位于星星峡（甘新界），终点位于霍尔果斯口岸，全长 1 480 千米。主要控制点有哈密、鄯善、吐鲁番、乌鲁木齐、昌吉、呼图壁、石河子、沙湾、奎屯、乌苏、精河、霍尔果斯口岸。现状全线已贯通。

（6）G335 线，简称承塔线，起点位于承德，终点位于巴克图口岸，全长约 3 700 千米。新疆境内起点位于明水（甘新界），终点位于巴克图口岸，全长 1 487 千米。主要控制点有明水（甘新界）、伊吾、巴里坤、木垒、奇台、吉木萨尔、阜康、一〇五团、芳草湖农场、新湖农场、一四八团、一四九团、一五〇团、塔岔口、托里、额敏、塔城、巴克图口岸。现状一五〇团 25 连—托里塔岔口段未贯通，里程 113 千米。

（7）G576 线，简称北石线，起点位于北屯，终点位于石河子，线路均位于新疆境内，全长 433 千米。主要控制点有北屯、福海、一四九团、

图 4-1　本项目区域路网示意图

一四八团、玛纳斯、沙湾、石河子。现状福海县水泉子——八四团（三分干）段未贯通，里程90千米。

（8）S201线，简称额榆线，起点位于额敏县，终点位于昌吉市榆树沟，全长约431千米。主要控制点有额敏、托里、克拉玛依、石河子、沙湾、玛纳斯、呼图壁、昌吉。S20在S201线基础上进行升级改造。

2）出行路径对比分析

S20项目建成通车后，从乌鲁木齐至克拉玛依的区域路网属于典型的三角式路网结构，有3种可选择的路径（图4-2）。路径1：G30乌鲁木齐（头屯河站）—五工台匝道站—S20五工台主线站—新湖—小拐—克拉玛依（九千米立交）。路径2：G30乌鲁木齐（头屯河站）—呼图壁（五工台）—奎屯—G3014奎克高速—克拉玛依（九千米立交）。路径3：G312乌鲁木

图4-2 本项目区域路网出行路径示意图

齐（头屯河站）—呼图壁（五工台）—奎屯—G217—克拉玛依（九千米立交）。三条路径的行驶里程、过站次数、行驶时间、车辆通行费、断面交通量等方面均有差异。

（1）行驶里程。车辆通行路径1时，行驶里程约270千米；车辆通行路径2时，行驶里程约350千米；车辆通行路径3时，行驶里程约345千米。路径1车辆行驶里程相比路径2和路径3分别缩短约80千米和75千米。

（2）过站次数。车辆通行路径1时，需通过头屯河、五工台匝道、五工台主线、古海、小拐5处收费站；车辆通行路径2时，需通过头屯河、奎屯西、天北、克拉玛依南、克拉玛依5处收费站；车辆通行路径3时，需通过榆树沟、安集海东2处收费站。

（3）行驶时间。车辆通行路径1时，行驶时间约为3小时10分钟；车辆通行路径2时，行驶时间约为3小时40分钟；车辆通行路径3时，行驶时间约为4小时20分钟。路径1车辆行驶时间相比路径2和路径3分别缩短约30分钟和70分钟。

（4）车辆通行费。车辆通行路径1时，1类车通行费额合计约110元；车辆通行路径2时，1类车通行费额合计约130元；车辆通行路径3时，1类车通行费额合计约37元。

3）路网均衡影响评估

通过收费标准与交通量的敏感度分析，得到收费标准在0.392~0.476元/[（车·千米）]时，路网达到了较为均衡的状态。

根据三维视角下收费定价测算结果，满足投资者合理回报的一类客货车收费标准$P1$为0.49元/（车·千米），项目生存模式下的一类客货车收费标准$P4$为0.41元/（车·千米），使用者能够接受的级差效益区间上限一类客货车收费标准$P2$为0.51元/（车·千米）。当S20项目采用生存模式下的收费标准0.41元/（车·千米）时，根据公路服务水平计算公式，三条路径均达到三级以上服务水平。表明当本项目采用生存模式下的一类客货车收费标准$P4$[0.41元/（车·千米）]时，能够使区域路网达到均衡状态。

4.4.5 收费听证简化判定

根据路网均衡影响评估后的三维视角下收费定价 $P4$ [0.41元/(车·千米)]，小于建议的听证价 0.50元/(车·千米)，可建议简化听证流程。

实际中，按照新疆行业主管部门《关于进一步做好收费公路设站收费有关工作的通知》，新疆发改委组织交通运输厅、收费公路经营管理单位及公路使用者代表，召开了收费方案听证会。

4.5 对比分析

1) 基于现行政策常规收费定价基本思想

基于现行常规收费定价主要思想是通过收费还贷维持正常运营，偿清贷款。S20项目基于现行收费定价测算结论见表4-26、表4-27。

表4-26 基于现行收费定价客车分车型收费标准测算结论

车 型	第一类	第二类	第三类	第四类
收费系数	1	1.5	2	3.6
收费标准/[元/(车·千米)]	0.440	0.660	0.880	1.584

表4-27 基于现行收费定价货车分车型收费标准测算结论

车 型	第一类	第二类	第三类	第四类	第五类	第六类
收费系数	1	1.35	3.1	4.29	4.81	6.84
收费标准/[元/(车·千米)]	0.440	0.594	1.364	1.888	2.116	3.010

2) 三维视角下收费定价基本思想

综合考虑三维诉求下的收费标准，从区域路网均衡方面判定收费标准合理性，从行业管理方面提出行业主管部门执行听证流程的听证价，同时充分参考并借鉴贵州、四川等内地省份收费标准的定价经验,为行业主管部门简化收费审批流程提供依据等。S20 项目基于上述多种情况下的收费定价测算结论见表 4-28、表 4-29。

表 4-28 多种情况下收费定价客车分车型收费标准测算结论

单位:元/(车·千米)

车　型	第一类	第二类	第三类	第四类
收费系数	1	1.5	2	3.6
满足投资者合理回报收费标准 P_1	0.490	0.735	0.980	1.764
项目生存模式下的收费标准 P_4	0.410	0.615	0.820	1.476
使用者能够接受的级差效益区间上限收费标准 P_2	0.510	0.765	1.020	1.836
考虑区域路网均衡收费标准	0.410	0.615	0.820	1.476
项目最终批复收费标准	0.410	0.615	0.820	1.476

表 4-29 多种情况下收费定价货车分车型收费标准测算结论

单位:元/(车·千米)

车　型	第一类	第二类	第三类	第四类	第五类	第六类
收费系数	1	1.35	3.1	4.29	4.81	6.84
满足投资者合理回报收费标准 P_1	0.490	0.662	1.519	2.102	2.357	3.352
项目生存模式下的收费标准 P_4	0.410	0.554	1.271	1.759	1.972	2.804
使用者能够接受的级差效益区间上限收费标准 P_2	0.510	0.689	1.581	2.188	2.453	3.488
考虑区域路网均衡收费标准	0.410	0.554	1.271	1.759	1.972	2.804
项目最终批复收费标准	0.410	0.554	1.271	1.759	1.972	2.804

三维视角下收费定价与批复收费标准一致,一类客货车收费标准均为 0.41 元/(车·千米),未超过使用者能够接受的级差效益区间上限值,能够满足项目前期生存,同时减轻沿线居民和道路使用者的负担。

第❺章
S21 阿勒泰—乌鲁木齐高速公路建设项目收费定价

5.1 项目概况

5.1.1 工程概况

1）路线方案

S21 阿勒泰—乌鲁木齐高速公路建设项目（以下简称"S21 项目"）分为两期工程实施，黄花沟至乌鲁木齐段为一期工程，阿勒泰至黄花沟段为二期工程。

一期工程位于新疆维吾尔自治区北部，为新建高速公路，路线起点位于阿勒泰地区福海县黄花沟处，起点桩号 K113＋313.636，路线总体走向由北向南，路线终点位于红雁湖村东南与乌鲁木齐西绕城高速衔接，终点桩号 K342＋600，路线全长 229.188 千米。

二期工程主线及福海连接线均位于福海县境内，主线为新建高速公路，福海连接线为新建二级公路。主线起点 K0＋000 位于奎阿高速（G3014 线）K439＋212.7 处，设置福海南枢纽，路线总体自北朝南布设，路线终点顺接 S21 项目一期工程起点，终点桩号为 K113＋349.826，主线路线全长约 113.350 千米。

福海连接线是连接主线起点至福海县 S324 线的快捷通道,福海连接线起点 LK0＋000 位于福海南枢纽互通式立体交叉 T 匝道终点位置,路线总体自南朝北布设,终点桩号为 LK3＋607.446,与福海县工业园区规划道路连接,福海连接线路线全长约 3.607 千米。

2) 技术标准

本项目主线采用四车道和六车道(五家渠—乌鲁木齐段 20 千米)高速公路技术标准建设。设计速度 120 千米/小时,整体式路基宽度 27 米/32.5 米,分离式路基宽度 26.5 米,桥涵设计荷载采用公路 –Ⅰ级,其他技术指标按《公路工程技术标准》(JTG B01—2014)执行。

3) 建设规模

(1) 一期工程。全线共设置大桥 1 座,中桥 2 座,小桥 12 座,设置互通立交 5 处。U 形转弯 2 处,分离式立交 13 处,涵洞 132 道(包括管线交叉涵),通道 25 处。主线收费站 1 处(一〇二团主线收费站),匝道收费站 2 处(一〇三团匝道收费站、一〇二团北匝道收费站),养护工区 2 处,管理分中心 1 处,服务区 3 处(含加油、加气站及充电桩等),停车区 2 处,ETC 门架系统 6 处,入口称重 6 处。

(2) 二期工程。主线设置中桥 1 座,小桥 3 座,设置互通立交 3 处。U 形转弯 1 处,分离式立交 4 处,涵洞 90 道,通道 14 处,匝道收费站 3 处,养护工区 1 处,服务区 2 处,停车区 1 处;福海连接线设置大桥 1 座,涵洞 2 道,平面交叉 9 处。

5.1.2　交通量预测

远景年交通量构成

根据公路交通量生成的一般规律及 S21 项目申请报告,预测远景交通量由趋势分流交通量和诱增交通量两部分构成。

未来各特征年 S21 项目交通量预测结果见表 5-1。

表 5-1　各特征年交通量预测结果

单位：pcu/d

特征年	全线平均
2022	6 258
2025	9 208
2030	12 726
2035	16 141
2041	19 544
2051	25 126

车型比例预测结果见表 5-2。

表 5-2　各特征年车型比例预测

绝对值

年份	小客	大客	小货	中货	大货	拖挂	集装箱	合计
2022	64.40%	5.60%	9.00%	7.70%	5.50%	6.60%	1.20%	100.00%
2025	65.60%	6.50%	9.40%	7.10%	4.00%	6.30%	1.10%	100.00%
2030	66.30%	7.00%	9.60%	6.20%	3.90%	6.00%	1.00%	100.00%
2035	66.50%	7.50%	10.00%	5.70%	3.70%	5.70%	0.90%	100.00%
2041	67.00%	7.90%	10.20%	5.30%	3.50%	5.30%	0.80%	100.00%
2051	67.90%	8.20%	10.30%	4.90%	3.20%	5.00%	0.50%	100.00%

依据交通量预测结果和车型比例情况，将交通量（折算值）换算为收费交通量（分车型绝对值），详见表 5-3。

表 5-3　项目收费车型交通量预测结果

绝对值，单位：辆/日

年份	一类（客）	二类（客）	三类（客）	四类（客）	一类（货）	二类（货）	三类（货）	四类（货）	五类（货）	六类（货）
2022	2 676	141	135	110	315	247	181	229	115	226
2025	4 113	216	236	193	496	358	248	251	166	322
2030	5 828	307	356	291	711	464	305	343	222	426
2035	7 507	396	491	402	951	576	361	418	271	513
2041	9 293	489	635	520	1 191	685	413	486	310	581
2051	12 341	650	863	706	1 576	863	499	582	383	670

5.1.3　项目投资情况

1）投资估算

（1）一期工程。根据《自治区发展改革委关于 S21 阿勒泰至乌鲁木齐公路建设一期工程（黄花沟至乌鲁木齐段）核准的批复》（新发改交通〔2019〕912 号），项目总投资 77.57 亿元，项目资本金为 15.51 亿元（约占总投资的 20%）。

（2）二期工程。根据《自治区发展改革委关于 S21 阿勒泰至乌鲁木齐公路建设二期工程（阿勒泰至黄花沟段）项目核准的批复》（新发改批复〔2020〕18 号），项目总投资 35.7 亿元，项目资本金为 7.14 亿元（约占总投资的 20%）。

2）初步设计概算

（1）一期工程。根据《关于 S21 阿勒泰至乌鲁木齐高速公路建设项目一期工程（黄花沟至乌鲁木齐段）初步设计的批复》（新交综〔2019〕101 号），项目概算总造价 68.51 亿元，其中建筑安装工程费 52.42 亿元。

（2）二期工程。根据《关于 S21 阿勒泰至乌鲁木齐高速公路建设项目二期工程（阿勒泰至黄花沟段）初步设计概算的批复》（新交综〔2020〕

15 号），项目概算总造价为 32.35 亿元，其中，建筑安装工程费 25.81 亿元。

3）施工图预算

（1）一期工程。根据《关于 S21 阿勒泰至乌鲁木齐高速公路建设项目一期工程（黄花沟至乌鲁木齐段）两阶段施工图设计的批复》（新交建管〔2019〕57 号），项目预算总金额为 66.65 亿元，其中建筑安装工程费 52.07 亿元。

（2）二期工程。根据《关于 S21 阿勒泰至乌鲁木齐公路建设项目二期工程（阿勒泰至黄花沟段）两阶段施工图设计的批复》（新交建管〔2020〕3 号），项目设计预算总金额为 32.08 亿元，其中建筑安装工程费 25.92 亿元。

5.2　筹融资模式与资金结构

5.2.1　收费主体情况

根据《自治区发展改革委关于 S21 阿勒泰至乌鲁木齐公路建设一期工程（黄花沟至乌鲁木齐段）核准的批复》（新发改交通〔2019〕912 号）和《自治区发展改革委关于 S21 阿勒泰至乌鲁木齐公路建设二期工程（阿勒泰至黄花沟段）项目核准的批复》（新发改批复〔2020〕18 号），由新疆交投负责组建项目公司，并由项目公司负责项目的投资、建设、经营和养护管理。本项目收费主体为 S21 项目公司。

5.2.2　筹融资模式及资金构成

本项目通过政府授权新疆交投特许经营实施。项目资本金比例为 20%，由新疆交投筹集，其余 80% 由项目公司利用银行贷款解决。

5.3 基于现行常规收费定价测算

5.3.1 收费可行性

本项目技术等级为高速公路，一期工程路线全长 229.188 千米、二期工程主线全长 113.35 千米，符合高速公路收费距离的要求，建设资金筹措方式也符合国家收费公路建设的要求，前期工作符合收费公路建设的管理程序。因此，S21 项目符合国家收费公路建设有关规定。

5.3.2 收费定价测算边界条件

1）项目总投资

本项目采用预算批复金额进行收费测算，一期、二期工程预算批复总金额为 98.72 亿元。项目资金结构见表 5-4。

表 5-4 项目资金筹措方案（单位：亿元）

	资金性质	资金来源	金额/亿元	占比/%
总投资	资本金	社会资本自有资金	19.74	20
	债务资金	银行贷款	78.98	80
	合计		98.72	100

2）收费期限

一期、二期工程打包统一测算收益标准。依据批复的工程可行性研究报告，项目收费期限暂定为 30 年。

3）收费里程

S21 项目一期工程路线全长 229.188 千米，共设置 5 处互通立交。由于相接高速公路正在建设，其建成投产时间尚不明确，五家渠至乌鲁木齐段不能通过设置主线收费站收费。鉴于自由流收费技术尚在探索应用阶段，无法在本项目中实现应用，因此本项目按照最短公用里程收费，收费终点暂取至五家渠工业园互通。远期当衔接高速公路建成或自由流收费技术成熟后，可实现全线收费。因此，一期工程近期收费里程为 210.880 千米，远期再研究五家渠工业园互通至项目终点设站（含自由流）收费方案。S21 项目二期路线全长 113.35 千米，S21 项目收费里程合计为 324.23 千米。

4）收费系数

根据有关政策，本项目客货车收费系数划分见表 5-5、表 5-6。

表 5-5　本项目客车收费车型分类及收费系数

类别	车辆类型	核定载人数	说明	收费系数
1 类客车	微型、小型	≤9	车长小于 6 000 毫米且核定载人数不大于 9 人的载客汽车	1
2 类客车	中型、乘用车列车	10～19	车长小于 6 000 毫米且核定载人数为 10～19 人的载客汽车	1.5
3 类客车	大型	≤39	车长小于 6 000 毫米且核定载人数不大于 39 人的载客汽车	2
4 类客车		≥40	车长小于 6 000 毫米且核定载人数不小于 40 人的载客汽车	3.6

表 5-6　本项目货车收费车型及收费系数

类别	总轴数（含悬浮轴）	货车	收费系数
1 类货车	2	车长小于 6 000 毫米且最大允许总质量小于 4 500kg	1
2 类货车	2	车长不小于 6 000 毫米或最大允许总质量不小于 4 500 千克	1.35
3 类货车	3		3.1
4 类货车	4		4.29
5 类货车	5		4.81
6 类货车	6		6.84

5）利息支出

S21 项目申请报告中采用银行贷款利率为 4.90%。银行贷款利率按照工程可行性研究报告批复时的五年期以上 LPR（4.65%）加利差执行，利差为 35 个基点。

6）经营成本

（1）养护成本。根据工程可行性研究报告，本项目评价基年的公路养护及小修费高速公路约为 10 万元/千米，年均增长 3%。大修费用主要为路面重新罩面费用，约为当年养护费用的 10 倍，并按通车运营后每 10 年进行一次大修考虑。

（2）运营管理成本（表 5-7 ~ 表 5-9）。根据工程可行性研究报告，本项目收费站人员工资费用包括 6 个收费站及分中心费用，按照车道数全部开通时收费人员共计 221 人，通车第一年运营管理成本共计 1 869.836 0 万元，在运营期内考虑每年 3% 的年均增长幅度。

表 5-7 S21 项目收费站人员配置
单位：人

收费站名称	车道数	管理人员						工作人员						合计
		站领导	票会票管	稽查	内勤	管理员	路产路权管理员	收费员	监控员	执勤	司机	厨师	锅炉绿化	
收费站 1	6	2	2	2	1	1	4	12	0	6	1	2	1	34
收费站 2	6	2	2	2	1	1	4	12	0	6	1	2	1	34
收费站 3	10	2	2	2	1	1	4	24	8	6	1	2	1	54
收费站 4	7	2	2	2	1	1	4	12	8	6	1	2	1	42
收费站 5	7	2	2	1	2	1	1	12		4	1	2	1	27
收费站 6	6	2	2	1	2	1	1	12		4	1	2	1	27

表 5-8　S21 项目分中心人员配置

单位：人

站点名称	管理人员			工作人员				
	分中心主任	分中心副主任	路产路权管理员	设备维护员	监控员	稽查	卡管	票管
五家渠分中心	1	1	4	2	6	2	1	1
人员合计	17							

表 5-9　S21 项目收费站人员工资费用

收费站	全部开通车道数/个	收费站人员数量/人	收费站人员工资/万元
收费站 1	6	27	225.233 0
收费站 2	6	27	225.233 0
收费站 3	10	54	459.435 3
收费站 4	7	42	355.903 9
收费站 5	7	27	225.233 0
收费站 6	6	27	225.233 0
分中心	—	17	153.564 6
合计	42	221	1 869.836 0

7）有效收费比例及减免优惠政策

本项目有效通行费比例按照 88.15% 测算。综合新疆境内 ETC 通行特征，客车按 70% 考虑、货车按 20% 考虑。节假日合计 24 天。

5.3.3　基于现行常规收费定价测算

1）收费标准测算

基于批复预算投资、资金筹措及经营成本支出情况，采用项目申请报告交通量和现行收费还贷定价模型,测算得到一类客货车收费标准为 0.495 元/(车·千米)。在收费 30 年的情况下,本项目资本金所得税前及所得税后项目投资财务内部收益率分别为 7.75%、6.5%,所得税前、税后财务内部收益率均大于财务基准收益率 6.0%,净现值分别为 48 364 万元、11 482 万元。

2)收费收入测算

在收费收入计算中考虑节假日减免和免费通行车辆,免费通行的车辆范围为行驶收费公路的 7 座以下(含 7 座)载客车辆,本项目运营期各年客、货车分车型收费收入测算见表 5-10、表 5-11。

表 5-10 运营期客车分车型通行费收入 单位:万元

年份	分车型收费收入				收费收入合计
	一类(客)	二类(客)	三类(客)	四类(客)	
第 1 年	12 443	2 220	1 416	2 085	18 163
第 2 年	14 349	2 560	1 705	2 511	21 124
第 3 年	16 546	2 952	2 053	3 024	24 575
第 4 年	19 080	3 404	2 473	3 642	28 599
第 5 年	20 444	3 647	2 684	3 953	30 727
第 6 年	21 905	3 908	2 912	4 289	33 014
第 7 年	23 470	4 187	3 161	4 655	35 472
第 8 年	25 148	4 486	3 430	5 051	38 115
第 9 年	26 945	4 807	3 722	5 481	40 955
第 10 年	28 335	5 055	3 966	5 840	43 195
第 11 年	29 795	5 315	4 226	6 223	45 560
第 12 年	31 332	5 589	4 502	6 631	48 055
第 13 年	32 947	5 878	4 798	7 065	50 688
第 14 年	34 646	6 181	5 112	7 528	53 467

（续表）

年份	分车型收费收入				收费收入合计
	一类（客）	二类（客）	三类（客）	四类（客）	
第 15 年	35 890	6 403	5 335	7 857	55 484
第 16 年	37 179	6 633	5 567	8 199	57 578
第 17 年	38 514	6 871	5 810	8 557	59 752
第 18 年	39 896	7 117	6 064	8 930	62 008
第 19 年	41 329	7 373	6 328	9 320	64 350
第 20 年	42 813	7 638	6 604	9 726	66 781
第 21 年	44 036	7 856	6 809	10 028	68 729
第 22 年	45 295	8 080	7 020	10 339	70 735
第 23 年	46 589	8 311	7 238	10 660	72 798
第 24 年	47 920	8 549	7 463	10 991	74 923
第 25 年	49 289	8 793	7 695	11 332	77 109
第 26 年	50 698	9 044	7 933	11 684	79 359
第 27 年	52 146	9 303	8 180	12 046	81 675
第 28 年	53 636	9 569	8 434	12 420	84 059
第 29 年	55 169	9 842	8 695	12 806	86 512
第 30 年	56 745	10 123	8 965	13 203	89 037

表 5-11 运营期货车分车型通行费收入

单位：万元

年份	分车型收费收入						收费收入合计
	一类（货）	二类（货）	三类（货）	四类（货）	五类（货）	六类（货）	
第 1 年	2 122	2 626	2 412	3 004	1 497	8 321	19 980
第 2 年	2 467	2 915	2 486	3 233	1 689	9 360	22 150

第 5 章　S21 阿勒泰—乌鲁木齐高速公路建设项目收费定价

（续表）

年份	分车型收费收入						收费收入合计
	一类（货）	二类（货）	三类（货）	四类（货）	五类（货）	六类（货）	
第 3 年	2 869	3 236	2 562	3 480	1 906	10 530	24 582
第 4 年	3 336	3 593	2 640	3 745	2 151	11 845	27 310
第 5 年	3 582	3 744	2 809	3 975	2 277	12 516	28 902
第 6 年	3 846	3 900	2 988	4 218	2 411	13 225	30 589
第 7 年	4 129	4 064	3 179	4 476	2 553	13 974	32 375
第 8 年	4 434	4 234	3 381	4 751	2 703	14 766	34 269
第 9 年	4 760	4 412	3 597	5 042	2 862	15 602	36 275
第 10 年	5 044	4 561	3 741	5 244	2 977	16 192	37 758
第 11 年	5 344	4 715	3 890	5 454	3 097	16 804	39 304
第 12 年	5 662	4 874	4 045	5 672	3 221	17 440	40 915
第 13 年	6 000	5 039	4 207	5 899	3 351	18 099	42 595
第 14 年	6 357	5 209	4 375	6 136	3 486	18 783	44 345
第 15 年	6 599	5 325	4 484	6 281	3 563	19 170	45 422
第 16 年	6 849	5 444	4 597	6 429	3 642	19 564	46 525
第 17 年	7 110	5 566	4 712	6 581	3 722	19 967	47 658
第 18 年	7 380	5 690	4 830	6 736	3 805	20 378	48 819
第 19 年	7 661	5 817	4 951	6 895	3 889	20 797	50 010
第 20 年	7 953	5 947	5 076	7 057	3 975	21 225	51 232
第 21 年	8 177	6 060	5 167	7 196	4 060	21 524	52 184
第 22 年	8 407	6 176	5 260	7 338	4 146	21 827	53 154
第 23 年	8 645	6 294	5 355	7 482	4 234	22 134	54 144
第 24 年	8 888	6 414	5 452	7 629	4 324	22 446	55 153

（续表）

年份	分车型收费收入						收费收入合计
	一类（货）	二类（货）	三类（货）	四类（货）	五类（货）	六类（货）	
第25年	9 139	6 537	5 550	7 779	4 416	22 762	56 183
第26年	9 397	6 662	5 650	7 932	4 509	23 083	57 233
第27年	9 662	6 789	5 752	8 088	4 605	23 408	58 304
第28年	9 934	6 919	5 856	8 246	4 703	23 738	59 396
第29年	10 215	7 051	5 962	8 409	4 803	24 072	60 510
第30年	10 503	7 186	6 069	8 574	4 905	24 411	61 647

客车通行费收入与货车通行费收入之和为通行费总收入，测算结果见表 5-12。

表5-12　运营期客货车通行费总收入汇总　　　　单位：万元

年份	客车通行费收入	货车通行费收入	合计
第1年	18 163	19 980	38 143
第2年	21 124	22 150	43 274
第3年	24 575	24 582	49 158
第4年	28 599	27 310	55 910
第5年	30 727	28 902	59 629
第6年	33 014	30 589	63 603
第7年	35 472	32 375	67 848
第8年	38 115	34 269	72 384
第9年	40 955	36 275	77 230
第10年	43 195	37 758	80 954
第11年	45 560	39 304	84 863

（续表）

年份	客车通行费收入	货车通行费收入	合　　计
第 12 年	48 055	40 915	88 970
第 13 年	50 688	42 595	93 282
第 14 年	53 467	44 345	97 812
第 15 年	55 484	45 422	100 906
第 16 年	57 578	46 525	104 103
第 17 年	59 752	47 658	107 409
第 18 年	62 008	48 819	110 827
第 19 年	64 350	50 010	114 360
第 20 年	66 781	51 232	118 013
第 21 年	68 729	52 184	120 913
第 22 年	70 735	53 154	123 889
第 23 年	72 798	54 144	126 942
第 24 年	74 923	55 153	130 076
第 25 年	77 109	56 183	133 292
第 26 年	79 359	57 233	136 592
第 27 年	81 675	58 304	139 979
第 28 年	84 059	59 396	143 455
第 29 年	86 512	60 510	147 022
第 30 年	89 037	61 647	150 684

注：以上收入数据均为基于预测的学术值，项目实际收入以实际运营为准。

3）经营成本测算

（1）养护成本及大修费用。本项目运营期各年养护成本及大修费用测算见表 5-13。

表 5-13　运营期各年养护成本及大修费用　　　　单位：万元

年份	日常养护费	大　修　费	养护成本及大修费用
第 1 年	3 425	0	3 425
第 2 年	3 528	0	3 528
第 3 年	3 634	0	3 634
第 4 年	3 743	0	3 743
第 5 年	3 855	0	3 855
第 6 年	3 971	0	3 971
第 7 年	4 090	0	4 090
第 8 年	4 213	0	4 213
第 9 年	4 339	0	4 339
第 10 年	0	58 101	58 101
第 11 年	4 603	0	4 603
第 12 年	4 742	0	4 742
第 13 年	4 884	0	4 884
第 14 年	5 030	0	5 030
第 15 年	5 181	0	5 181
第 16 年	5 337	0	5 337
第 17 年	5 497	0	5 497
第 18 年	5 662	0	5 662
第 19 年	5 831	0	5 831
第 20 年	0	78 084	78 084
第 21 年	6 187	0	6 187
第 22 年	6 372	0	6 372
第 23 年	6 563	0	6 563
第 24 年	6 760	0	6 760

（续表）

年份	日常养护费	大 修 费	养护成本及大修费用
第 25 年	6 963	0	6 963
第 26 年	7 172	0	7 172
第 27 年	7 387	0	7 387
第 28 年	7 609	0	7 609
第 29 年	7 837	0	7 837
第 30 年	0	104 938	104 938

（2）运营管理成本。项目运营期各年运营管理成本测算见表 5–14。

表 5–14 运营期各年运营管理成本

单位：万元

年份	运营管理成本	年份	运营管理成本
第 1 年	1 870	第 16 年	2 913
第 2 年	1 926	第 17 年	3 001
第 3 年	1 984	第 18 年	3 091
第 4 年	2 043	第 19 年	3 183
第 5 年	2 105	第 20 年	3 279
第 6 年	2 168	第 21 年	3 377
第 7 年	2 233	第 22 年	3 478
第 8 年	2 300	第 23 年	3 583
第 9 年	2 369	第 24 年	3 690
第 10 年	2 440	第 25 年	3 801
第 11 年	2 513	第 26 年	3 915
第 12 年	2 588	第 27 年	4 032
第 13 年	2 666	第 28 年	4 153
第 14 年	2 746	第 29 年	4 278
第 15 年	2 828	第 30 年	4 213

5.4 三维视角下收费定价测算

采用三维视角下新疆经营性公路收费定价方法对 S21 项目收费标准进行测算。

5.4.1 计算满足投资者合理回报的收费标准 $P1$

1）收费定价测算边界条件

考虑项目全生命周期的支出情况，以满足投资者合理收益为目标，计算满足投资者合理收益条件下的收费标准 $P1$。根据前文 2.5.2 节投资者视角下经营性公路收费定价需求中养护运营管理成本分析结论，S21 项目属于北疆片区高速公路，本次按单千米日常养护费用（不含大中修）24 万元/千米，日常管理费用 22 万元/千米进行测算。

计算满足投资者合理回报的收费标准时，除养护及运营管理成本外，其他财务测算边界条件如项目总投资、收费期限、收费系数、利息支出等均基于现行收费定价测算方法保持一致。

2）收费标准测算

采用北疆地区单千米养护及运营管理成本研究成果数据，测算得到满足投资者合理回报的一类客货车收费标准 $P1$ 为 0.63 元/（车·千米）。在收费 30 年的情况下，本项目资本金所得税前及所得税后项目投资财务内部收益率分别为 7.95%、6.50%，所得税前、税后财务内部收益率均大于财务基准收益率 6.0%，净现值分别为 36 218 万元、10 463 万元。

3）收费收入测算

采用北疆地区单千米养护及运营管理成本研究成果数据，本项目运营期各年客、货车分车型收费收入测算见表 5–15、表 5–16。

表 5-15　运营期客车分车型通行费收入

单位：万元

年份	分车型收费收入				收费收入合计
	一类（客）	二类（客）	三类（客）	四类（客）	
第 1 年	15 817	2 822	1 799	2 650	23 087
第 2 年	18 239	3 254	2 167	3 192	26 851
第 3 年	21 032	3 752	2 610	3 844	31 238
第 4 年	24 253	4 327	3 144	4 630	36 353
第 5 年	25 986	4 636	3 412	5 024	39 058
第 6 年	27 844	4 967	3 702	5 452	41 965
第 7 年	29 834	5 322	4 017	5 917	45 090
第 8 年	31 966	5 703	4 360	6 420	48 449
第 9 年	34 251	6 110	4 731	6 967	52 059
第 10 年	36 017	6 425	5 041	7 424	54 907
第 11 年	37 874	6 757	5 371	7 910	57 912
第 12 年	39 826	7 105	5 723	8 429	61 083
第 13 年	41 880	7 471	6 098	8 981	64 430
第 14 年	44 039	7 856	6 498	9 570	67 963
第 15 年	45 620	8 139	6 781	9 987	70 527
第 16 年	47 258	8 431	7 077	10 422	73 189
第 17 年	48 955	8 733	7 386	10 877	75 951
第 18 年	50 713	9 047	7 708	11 351	78 819
第 19 年	52 534	9 372	8 044	11 846	81 796
第 20 年	54 420	9 708	8 395	12 363	84 887
第 21 年	55 975	9 986	8 655	12 747	87 363
第 22 年	57 575	10 271	8 924	13 142	89 912

（续表）

年份	分车型收费收入				收费收入合计
	一类（客）	二类（客）	三类（客）	四类（客）	
第23年	59 220	10 565	9 201	13 550	92 536
第24年	60 912	10 867	9 486	13 971	95 236
第25年	62 652	11 177	9 781	14 404	98 015
第26年	64 443	11 496	10 084	14 852	100 875
第27年	66 284	11 825	10 397	15 313	103 819
第28年	68 178	12 163	10 720	15 788	106 849
第29年	70 126	12 510	11 053	16 278	109 967
第30年	72 130	12 868	11 396	16 783	113 176

表5-16 运营期货车分车型通行费收入

单位：万元

年份	分车型收费收入						收费收入合计
	一类（货）	二类（货）	三类（货）	四类（货）	五类（货）	六类（货）	
第1年	2 697	3 337	3 066	3 818	1 903	10 576	25 397
第2年	3 136	3 705	3 159	4 109	2 147	11 898	28 155
第3年	3 647	4 114	3 256	4 423	2 423	13 385	31 247
第4年	4 240	4 567	3 356	4 761	2 734	15 057	34 715
第5年	4 553	4 759	3 570	5 052	2 895	15 910	36 738
第6年	4 888	4 958	3 798	5 362	3 065	16 811	38 882
第7年	5 249	5 166	4 040	5 690	3 245	17 763	41 153
第8年	5 636	5 382	4 298	6 039	3 436	18 769	43 560
第9年	6 051	5 608	4 572	6 409	3 638	19 832	46 110
第10年	6 411	5 797	4 755	6 665	3 784	20 582	47 995

第 5 章　S21 阿勒泰—乌鲁木齐高速公路建设项目收费定价

（续表）

年份	分车型收费收入						收费收入合计
	一类（货）	二类（货）	三类（货）	四类（货）	五类（货）	六类（货）	
第 11 年	6 793	5 993	4 945	6 932	3 937	21 360	49 960
第 12 年	7 198	6 196	5 142	7 210	4 095	22 168	52 008
第 13 年	7 626	6 405	5 347	7 499	4 259	23 006	54 143
第 14 年	8 080	6 621	5 561	7 799	4 431	23 876	56 368
第 15 年	8 388	6 769	5 700	7 983	4 529	24 367	57 736
第 16 年	8 707	6 920	5 843	8 172	4 629	24 869	59 139
第 17 年	9 038	7 075	5 990	8 365	4 732	25 380	60 578
第 18 年	9 381	7 233	6 140	8 562	4 836	25 902	62 055
第 19 年	9 738	7 394	6 294	8 764	4 943	26 435	63 569
第 20 年	10 109	7 559	6 452	8 971	5 053	26 979	65 122
第 21 年	10 394	7 704	6 568	9 147	5 160	27 359	66 332
第 22 年	10 687	7 851	6 687	9 327	5 270	27 745	67 565
第 23 年	10 988	8 001	6 807	9 510	5 382	28 135	68 823
第 24 年	11 298	8 154	6 930	9 697	5 496	28 532	70 106
第 25 年	11 617	8 309	7 055	9 888	5 613	28 934	71 415
第 26 年	11 945	8 468	7 182	10 082	5 732	29 341	72 750
第 27 年	12 281	8 630	7 312	10 280	5 854	29 754	74 111
第 28 年	12 628	8 795	7 444	10 482	5 978	30 173	75 500
第 29 年	12 984	8 963	7 578	10 688	6 105	30 598	76 916
第 30 年	13 350	9 134	7 715	10 898	6 234	31 029	78 361

客车通行费收入与货车通行费收入之和为通行费总收入，测算结果见表 5-17。

表 5-17　运营期客货车通行费总收入汇总　　　　　单位：万元

年份	客车通行费收入	货车通行费收入	合　　计
第 1 年	23 087	25 397	48 484
第 2 年	26 851	28 155	55 006
第 3 年	31 238	31 247	62 485
第 4 年	36 353	34 715	71 068
第 5 年	39 058	36 738	75 796
第 6 年	41 965	38 882	80 847
第 7 年	45 090	41 153	86 243
第 8 年	48 449	43 560	92 008
第 9 年	52 059	46 110	98 169
第 10 年	54 907	47 995	102 902
第 11 年	57 912	49 960	107 872
第 12 年	61 083	52 008	113 091
第 13 年	64 430	54 143	118 573
第 14 年	67 963	56 368	124 331
第 15 年	70 527	57 736	128 263
第 16 年	73 189	59 139	132 328
第 17 年	75 951	60 578	136 530
第 18 年	78 819	62 055	140 874
第 19 年	81 796	63 569	145 365
第 20 年	84 887	65 122	150 009
第 21 年	87 363	66 332	153 695
第 22 年	89 912	67 565	157 478
第 23 年	92 536	68 823	161 359

（续表）

年份	客车通行费收入	货车通行费收入	合　　计
第 24 年	95 236	70 106	165 342
第 25 年	98 015	71 415	169 430
第 26 年	100 875	72 750	173 625
第 27 年	103 819	74 111	177 930
第 28 年	106 849	75 500	182 348
第 29 年	109 967	76 916	186 883
第 30 年	113 176	78 361	191 537

注：以上收入数据均为基于预测的学术值，项目实际收入以实际运营为准。

4）经营成本测算

（1）养护成本及大修费用。本项目运营期各年养护成本及大修费用测算见表 5-18。

表 5-18　运营期各年养护成本及大修费用

单位：万元

年份	日常养护费	大修费	养护成本及大修费用
第 1 年	8 221	0	8 221
第 2 年	8 468	0	8 468
第 3 年	8 722	0	8 722
第 4 年	8 983	0	8 983
第 5 年	9 253	0	9 253
第 6 年	9 530	0	9 530
第 7 年	9 816	0	9 816
第 8 年	10 111	0	10 111
第 9 年	10 414	0	10 414
第 10 年	0	139 444	139 444

（续表）

年份	日常养护费	大修费	养护成本及大修费用
第11年	11 048	0	11 048
第12年	11 380	0	11 380
第13年	11 721	0	11 721
第14年	12 073	0	12 073
第15年	12 435	0	12 435
第16年	12 808	0	12 808
第17年	13 192	0	13 192
第18年	13 588	0	13 588
第19年	13 996	0	13 996
第20年	0	187 400	187 400
第21年	14 848	0	14 848
第22年	15 293	0	15 293
第23年	15 752	0	15 752
第24年	16 225	0	16 225
第25年	16 711	0	16 711
第26年	17 213	0	17 213
第27年	17 729	0	17 729
第28年	18 261	0	18 261
第29年	18 809	0	18 809
第30年	0	251 851	251 851

（2）运营管理成本。项目运营期各年运营管理成本测算见表5-19。

表 5-19 运营期各年运营管理成本

单位：万元

年份	运营管理成本	年份	运营管理成本
第 1 年	7 536	第 16 年	11 741
第 2 年	7 762	第 17 年	12 093
第 3 年	7 995	第 18 年	12 456
第 4 年	8 235	第 19 年	12 829
第 5 年	8 482	第 20 年	13 214
第 6 年	8 736	第 21 年	13 611
第 7 年	8 998	第 22 年	14 019
第 8 年	9 268	第 23 年	14 439
第 9 年	9 546	第 24 年	14 873
第 10 年	9 833	第 25 年	15 319
第 11 年	10 128	第 26 年	15 778
第 12 年	10 431	第 27 年	16 252
第 13 年	10 744	第 28 年	16 739
第 14 年	11 067	第 29 年	17 241
第 15 年	11 399	第 30 年	10 111

5.4.2 计算项目生存模式下的收费标准 $P4$

本项目运营前三年按照工作量法计提折旧摊销，通过测算得出项目生存模式下的一类客货车收费标准 $P4$ 为 0.48 元 / （车·千米）。

5.4.3 运用级差效益理论测算使用者能够接受的级差效益区间上限价 $P2$

1）级差效益计算方法

S21 项目按照"谁受益，谁负担"的公平原则，根据服务对象以及道路结构，选取通道内"S11 五大高速"与 S21 项目，在级差效益的背景下对使用不同道路的效用与成本进行综合评判，从而确定 S21 项目的道路使用者能够接受的级差效益区间上限价。

（1）降低行驶成本效益（B_1）。此部分效益主要指使用本项目及原有道路使用者的经济效益。主要由燃油消耗、润滑油消耗、轮胎磨损和维修保养费用组成，根据给出的各因素计算模型，据此可以计算出车辆行驶成本的节约效益，计算公式为：

$$B_1 = B_{11} + B_{12} + B_{13} + B_{14}$$

式中　B_{11}——减少燃油消耗的效益值[元/（车·千米）]；

B_{12}——减少润滑油消耗的效益值[元/（车·千米）]；

B_{13}——减少轮胎消耗的效益值[元/（车·千米）]；

B_{14}——减少维修保养的效益值[元/（车·千米）]。

其中 B_{11}、B_{12}、B_{13}、B_{14} 的计算方法见表 5-20。

表 5-20　道路条件及交通条件对汽车运输成本的影响

成本	道路条件		交通条件	
	不平整度（IRI）	平均纵坡 G/%	速度 S（千米/小时）	拥挤度（V/C）
燃油	$0.979 + 0.0104 \times IRI$	$0.9586 \times e^{(0.027 \times G)}$	$0.291 + 24.26/S + 0.000087 \times S^2$	$1 + 0.14 \times (V/C)$
润滑油	$0.804 + 0.0798 \times IRI$		$0.997 + 0.0471/S + 0.0000003 \times S^2$	
轮胎	$0.751 + 0.1247 \times IRI$		$0.8699 \times S^{0.03564}$	$1 + 0.51 \times (V/C)$
修理费	$0.811 \times e^{(0.11 \times IRI)} - 0.01$		$0.6215 + 18.92/S$	

根据 S21 项目项目申请报告中经济评价和技术标准章节内容，上述计算参数取值见表 5-21，其中本次运输成本效益对比是建立在不平整度、行车速度相等的情况下，因此本次不考虑不平整度、行车速度对运输成本的影响。

表 5-21　道路条件及交通条件对汽车运输成本的影响计算参数取值

名称	不平整度（IRI）	平均坡度（G）	车速/（千米/小时）	拥挤度（V/C）
S21	2%	1.5%	120	0.15
S11	2%	3.0%	120	0.34

（2）运行时间节约效益（B_2）。节约时间的效益分为货车节约时间的效益和客车节约时间的效益，以下为客货车的计算公式：

$$B_{2K} = \frac{tT_K}{L}$$

$$B_{2h} = \frac{tT_H}{L}$$

式中　t——全程节约时间（小时）；

T_K——客车单位时间价值（元/小时）；

T_H——货车单位时间价值（元/小时）；

L——本项目里程长度（千米）。

$$T_K = \frac{GDP \cdot q}{t_1 t_2}$$

式中　GDP——新疆维吾尔自治区人均年收入（元/年）；

q——平均载客量（人）；

t_1——全年天数（天）；

t_2——全天小时数（小时）。

$$T_h = P_h \times Q_h \times l$$

式中　P_h——平均货物价格（元/吨）；

Q_h——平均货物运输量（吨）；

l——社会折现率，一般取12%。

（3）提高舒适度效益（B_3）。高速公路凭借其高的等级、路面质量好、行车速度快等特点，给使用者很大的舒适体验。舒适度效益计算模型公式如下：

$$B_3 = a \times (V/C)^d$$

式中　a、d——模型参数。

参数说明：a 是用户能为顺畅驾驶而不是拥堵驾驶所乐于支付的费用，a 的值可通过给舒适费赋权进行大致估算。d 是形状参数。根据《基于级差效益的高速公路合理收费标准研究》中调查结果，a 取值为 0.33，d 取值为 2。

（4）减少交通事故效益（B_4）。一般公路由于路面质量较差，交通干扰较多，车速不稳定等因素，易引发交通事故；而高速公路采用全封闭、全立交的方式，排除外界干扰，大大减少交通事故的发生；我国统计数据显示高速公路事故率为 2.5×10^{-6}，直接损失约为 10 000 元。效益计算数学模型如下：

$$B_4 = \frac{P_1 \times L_1 \times R_1 - P \times L \times R}{L}$$

式中　P_1——对比公路交通事故率；

L_1——对比公路里程（千米）；

R_1——对比公路交通事故损失费（元/次）；

P——高速公路交通事故率（2.5/百万车）；

L——高速公路里程（千米）；

R——高速公路交通事故损失费（元/次）。

5）级差效益模型的公式定义

$$P \leq P_1 + (B \times F)$$

式中　P——高速公路收费标准价格［元/（车·千米）］；

P_1——对比公路收费标准价格［元/（车·千米）］；

B——车辆选择高速公路出行所产生的级差效益［元/（车·千米）］；

F——高速公路级差效益分享度。世界银行建议值为 30%～50%。

2）级差效益计算过程及结果

（1）降低行驶成本效益（B_1）。根据测算模型及参数取值，对燃油消耗、润滑油消耗、轮胎磨损和维修保养费 4 个方面产生的效益进行测算。其中通过调查燃油单价为 6.98 元 / 升，润滑油单价为 34 元 / 升，轮胎价格约为 2 000 元 / 套，维修保养 10 元 / 千米。计算结果见表 5-22。

表 5-22　降低行驶成本效益测算结果

名称	不平整度（IRI）	平均坡度（G）	车速 /（千米 / 小时）	拥挤度（V/C）
减少燃油消耗	0	0.000 027	0	0.001 9
减少润滑油	0	0.000 1	0	0.009 0
减少轮胎磨损	0	0.007 8	0	0.532 0
减少维修费用	0	0.000 04	0	0.002 7
合计		0.554		

根据测算结果 S21 项目降低行驶成本效益（B_1）为 0.554 元 /（车·千米）。

（2）运行时间节约的效益（B_2）。根据效益测算公式，分别对客货车的节约时间效益值进行计算。根据《新疆维吾尔自治区 2020 年国民经济和社会发展统计公报》和《我区公路运输业务量报表》的内容，我区人均可支配收入 23 845 元 / 年，平均载客量约 8 人，平均货物价格约 2 780 元 / 吨，平均货物运输量约 13 吨。同时分别对客货车进行通行时间模拟，测算实行时间差异。具体模拟及测算情况见表 5-23、表 5-24。

根据测算结果 S21 项目节约时间效益（B_2）为 0.013 元 /（车·千米）。

（3）提高舒适度效益（B_3）。按照测算模型及参数取值，具体计算结果见表 5-25。

表 5-23　客货车节约时间模拟情况

名称	里程 / 千米	客车行驶速度 /（千米 / 小时）	货车行驶速度 /（千米 / 小时）	客车行驶时间 / 小时	货车行驶时间 / 小时
S21	410.538	120	100	3.87	4.52
S11	610	120	100	5.08	6.1
全程节约时间				1.21	1.58

表 5-24 客货车节约时间效益测算结果

名称	时间价值 / [元/(人·吨·小时)]	平均实载 /(吨·人)	时间价值 / [元/(车·小时)]	节约时间 / 小时	节约时间 效益 / 小时
客车	9.741	8	77.925	1.21	0.300
货车	6.258	13	81.384	1.58	0.313
客货车节约时间效益					0.013

表 5-25 提高舒适度效益测算结果

名称	通行水平（V/C）	舒适费用 / [元/(车·千米)]
S21	0.15	0.007
S11	0.34	0.038
提高舒适度效益 [元/(车·千米)]		0.031

根据测算结果 S21 项目提高舒适度效益（B_3）为 0.031 元/（车·千米）。

（4）减少交通事故效益（B_4）。按照测算模型及参数取值，具体计算结果见表 5-26。

表 5-26 减少交通事故效益测算结果

名称	S21	S11
平均事故损失费 / 元	12 000	12 000
平均事故率 / %	2.5	2.5
减少交通事故的效益 [元/(车·千米)]	0.486	

根据测算结果 S21 项目减少交通事故效益（B_4）为 0.486 元/（车·千米）。

（5）车辆选择高速公路出行所产生的级差效益值（B）。按照测算模型及参数取值，S21 项目选择高速公路出行产生的级差效益值测算结果见表 5-27。

根据测算结果车辆选择 S21 公路出行所产生的级差效益（B）为 1.142

表 5-27 车辆选择 S21 公路出行所产生的级差效益测算结果

序号	名称	效益值 [元/(车·千米)]
1	降低行驶成本效益	0.554
2	运行时间节约效益	0.089
3	提高舒适度效益	0.013
4	减少交通事故效益	0.486
	合计	1.142

元/(车·千米)。

（6）收费标准的确定。按照收费标准测算公式，本项目收费标准测算结果如下：

$$P \leq P_1 + (B \times F) = (0.35 + 0.4)/2 + (1.142 \times 0.4) = 0.831 \text{（元/车·千米）}$$

式中　P——高速公路收费标准价格 [元/(车·千米)]；

P_1——对比公路收费标准价格 [元/(车·千米)]；

B——车辆选择高速公路出行所产生的级差效益 [元/(车·千米)]；

F——高速公路级差效益分享度。世界银行建议值为 30%~50%。

S21 项目取值 40%。

因此，选择本项目出行产生的高速公路级差效益中使用者能够接受的级差效益区间上限，一类客货车收费标准 $P2$ 为 0.831 元/(车·千米)。

满足投资者合理回报的收费标准 $P1$、项目生存模式下的收费标准 $P4$，以及运用级差效益理论测算使用者能够接受的级差效益区间上限价 $P2$，测算结果见表 5-28。

表 5-28 三维视角下收费定价测算结果

类型	收费定价 [元/(车·千米)]
满足投资者合理回报的一类客货车收费标准 $P1$	0.630
项目生存模式下的一类客货车收费标准 $P4$	0.480
使用者能够接受的级差效益区间上限一类客货车收费标准 $P2$	0.831

5.4.4 路网均衡影响评估

从行业主管部门角度,初步判断收费标准能否使区域路网达到均衡状态。

1)本项目区域路网概况

本项目区域内相关现状公路主要有 G216 线、G217 线、G30 线、G3014 线、G576 线、G7 线、S11 线、S20 线、S324 线等(图 5-1)。

图 5-1 项目周边路网示意图

（1）G216 线。G216 线起自阿勒泰市，向南经北屯、富蕴县、阜康、乌鲁木齐，止于巴伦台，全长约 873 千米，是北疆连接乌鲁木齐及南疆的快速通道和资源运输通道，采用平原微丘区二级公路标准。

（2）G217 线。G217 线，起点为阿勒泰，终点为塔什库尔干公路，全程 1753 千米，以二级公路为主，是阿勒泰地区通往克拉玛依、奎屯、乌鲁木齐及南疆地区的重要道路之一。

（3）G30 线乌鲁木齐至奎屯段。G30 线乌鲁木齐至奎屯段高速公路（以下简称"乌奎高速"），是国家高速公路网规划中东西 18 条横线中的第 7 横——连云港至霍尔果斯高速公路（G30）的重要组成路段。乌奎高速东起乌鲁木齐南郊的乌拉泊，与吐鲁番—乌鲁木齐—大黄山等级公路连接，西至奎屯市，采用双向八车道高速公路标准建设，设计速度为 120 千米/小时，全长约 249.27 千米。沿途经乌鲁木齐、昌吉、呼图壁、玛纳斯、石河子、沙湾和奎屯市。

（4）G3014 线。G3014 线奎阿高速公路是国家高速公路规划重要干线"连霍高速（G30）"的联络线，起点为奎屯，向北经克拉玛依、福海、北屯，终点为阿勒泰市。其中福海至阿勒泰高速公路全长 128.824 千米，设计速度 120 千米/小时、100 千米/小时，整体式路基宽 28 米、26 米。G3014 是阿勒泰与外界联通的交通大动脉，而且也是阿勒泰通往乌鲁木齐市最便捷的高速通道。

（5）G576 线。G576 线全线位于新疆境内，起点为北屯，终点为石河子，路线全长 453 千米。该线路纵向连接了北屯、石河子两大兵团重要城市，并覆盖了诸多团场。由起点北屯利用省道 318 线至福海，然后利用兵团公路经夏孜盖乡、一八四团、一四九团至莫索湾，之后从莫索湾利用省道 204 线至终点石河子市（与 G312 岔口）。

（6）G7 线大黄山至乌鲁木齐段。G7 大黄山至乌鲁木齐段位于乌鲁木齐市、昌吉回族自治州境内，路线起于阜康市境内幸福路口互通立交，路线终点与乌鲁木齐上沙河互通衔接。本项目采用高速公路标准建设，设计速度为 120 千米/小时，里程为 118.275 千米。

（7）甘莫公路。甘莫公路为双向四车道一级公路，设计行车速度为 80

千米/小时，全长 140 余千米，是目前新疆生产建设兵团最长的一条一级公路。甘莫公路项目辐射乌鲁木齐、第六师五家渠市及周边多个团场，并连通昌吉市、阜康市等地，是连接天山北坡经济带各中心区域的一条重要通道。

（8）S11 线。S11 线现状起点位于富蕴，终点位于大黄山，全长 324.756 千米，是新疆公路网规划"三横两纵两环八通道"主骨架网"纵二"的重要组成部分，同时也是自治区"五横七纵"高速、高等级公路网中第一纵。其中富蕴至五彩湾段长 226.063 千米，采用双向四车道一级公路标准建设，设计速度为 100 千米/小时，五彩湾至大黄山段长 98.693 千米，采用双向四车道高速公路标准，设计车速 120 千米/小时。

（9）S20 线。S20 五工台至克拉玛依为一级改高速公路，全长 206.692 千米，计划于 2021 年建成通车。原有的道路为一级公路，平面交叉路口较多，交通情况复杂，且全程限速 100 千米/小时、80 千米/小时、60 千米/小时不等，全程历时 3 个小时。道路改建后，设计车速为 100 千米/小时，原有交叉路口改为立体交叉，采用全封闭通行方式，是乌鲁木齐市与克拉玛依市之间的重要通道。

2）出行路径对比分析

（1）乌鲁木齐至阿勒泰路网通道对比。选取与 S21 项目最具竞争力的通道进行对比测算（表 5-29、表 5-30）。目前，北疆地区乌鲁木齐与阿勒泰之间存在 4 个通道，即"S11 线＋G216 线＋G3014 线"（路径 1）、"G30 线＋G3014 线"（路径 2）、"G30 线＋S20 线＋G3014 线"（路径 3）和"S21 线＋G3014 线"（路径 4）（图 5-2）。

表 5-29 测算取值

序号	测算原则	取	值
1	收费标准	S21 项目收费标准按 0.495 元/（车·千米） S20 项目收费标准按 0.425 元/（车·千米） 其余公路按实际收费标准取值	
2	收费里程	S21 项目收费里程取 324.230 千米	

第 5 章　S21 阿勒泰—乌鲁木齐高速公路建设项目收费定价

（续表）

序号	测算原则	取　值
3	车型	一类客车、六类货车
4	百千米油耗	8.5 升、43 升
5	油价	7.125 元/升、6.57 元/升
6	差异化收费	S20 项目、S21 项目 6 类货车无优惠
		G30 乌鲁木齐至奎屯、克拉玛依至阿勒泰、G3014 奎屯至克拉玛依、G7 大黄山至乌鲁木齐 6 类货车给予通行费 87 折优惠
		五彩湾至大黄山、G216 线富蕴至五彩湾 6 类货车给予通行费 73 折优惠
		对通行北疆二级公路的 6 类货车给予通行费 89 折优惠

表 5-30　区域内线路对比 [S21 项目收费标准为 0.495 元/(车·千米)]

路线	路径 1 "S11+G216+G3014"		路径 2 "G30+G3014"		路径 3 "G30+S20+G3014"		路径 4 "S21+G3014"	
车型	1 类客车	6 类货车	1 类客车	6 类货车	1 类客车	6 类货车	1 类客车	6 类货车
千米数	649 千米		794 千米		730 千米		493.038 千米	
出行时间	7 小时 46 分		8 小时 22 分		8 小时 4 分		4 小时 58 分	
通行费用	219.00 元	1 497.96 元	285.00 元	1 949.40 元	277.46 元	1 897.83 元	195.32 元	1 337.18 元
油费	393.05 元	1 833.49 元	480.87 元	2 243.13 元	442.11 元	2 062.32 元	298.60 元	1 392.88 元
费用合计	612.05 元	3 331.45 元	765.87 元	4 192.53 元	719.57 元	3 960.15 元	493.91 元	2 730.06 元

注：为确保对比边界条件一致，6 类货车通行费用计算均未计算折扣优惠。

图 5-2 项目区域路网示意图

设定起点为乌鲁木齐市人民政府，终点为阿勒泰市人民政府，经与区域内其余通道进行对比，由于 S21 项目极大地减少了运输时间和运输成本，加快了客货周转时间，将会吸引其他通道或其他交通方式使用者选择"S21 线＋G3014 线"通道出行。"S21 线＋G3014 线"相较于其他路径具有以下优势：

① 行驶里程。车辆通行路径一时，行驶里程约 649 千米；车辆通行路径二时，行驶里程约 794 千米；车辆通行路径三时，行驶里程约 730 千米；车辆通行路径四时，行驶里程约 493 千米。车辆行驶路径四时，里程较其他路径至少缩短 150 千米。

② 行驶时间。车辆通行路径一时，行驶时间约为 7 小时 46 分；车辆

通行路径二时，行驶时间约为 8 小时 22 分钟；车辆通行路径三时，行驶时间约为 8 小时 4 分钟；车辆通行路径四时，行驶时间约为 4 小时 58 分钟。车辆行驶路径四时，较其他路径至少可节省时间 2 小时 30 分钟。

③ 车辆通行费。车辆通行路径一时，1 类车通行费额合计约 219 元；车辆通行路径二时，1 类车通行费额合计约 285 元；车辆通行路径三时，1 类车通行费额合计约 277 元；车辆通行路径四时，1 类车通行费额合计约 195 元。车辆行驶路径四时，通行费较其他路径至少减少 23 元。

经对比，"S21 线＋G3014 线"通道与区域内"S11 线＋G216 线＋G3014 线"通道竞争对比关系最为显著，一类客车出行费用差值最小。因此如果遵循"同路径同价"的原则，假定"S21 线＋G3014 线"通道通行费用与"S11 线＋G216 线＋G3014 线"一致，则 S21 项目一类客车收费标准可在全生命周期（30 年）投资者合理收益收费标准 0.495 元／（车·千米）基础上，提升 0.072 元／（车·千米），故 S21 项目基于区域路网均衡的收费标准为 0.495＋0.072＝0.567 元／（车·千米）。

（2）富蕴至乌鲁木齐路网通道对比。根据 S21 项目申请报告中相关交通量分析及预测，富蕴县交通发生量与吸引量分别为 1 727、1 785pcu/d，占区域内路网交通量 5.27%，其中乌鲁木齐方向占总量的 28.36%。S21 项目建成后，"G216 线富蕴至五彩湾通道"承担的 85% 长途交通量分流至 S21 项目，路网重新分配后，"S21 项目通道"承担长途交通量比例为 77%，"G216 线富蕴至五彩湾通道"承担长途交通量比例 9.1%。无 S21 项目时，通道内 G216 线承担长途交通量比例为 60.13%。

因此，S21 项目建成通车后，富蕴至乌鲁木齐存在两个通道，即"S11 线＋S324 线＋S21 线"通道和"S11 线＋G7 线"通道，以六类货车作为参考对象，比较两条线路通行成本，分析两条通道实际可选择性。

基于 G7 大黄山至乌鲁木齐、五彩湾至大黄山存在差异化收费，6 类货车通行费获得一定折扣优惠，S21 项目无优惠的情况下，经对比，"S11 线＋S324 线＋S21 线"通道比"S11 线＋G7 线"通道里程多 239.05 千米，通行费用多 313.45 元。若"S11 线＋G7 线"通道无差异化优惠，则通行费用为 1 142.28 元，差值为 50.04 元。从出行者的角度考虑，"S11 线＋S324

线＋S21线"通道距离远、出行费用成本高，不是从富蕴至乌鲁木齐的最优线路。具体测算取值见表5-31。

表5-31 区域内线路对比

路线	"S11＋G7"	"S11＋S324＋S21"
车型	6类货车	6类货车
千米数	425千米	664.05千米
出行时间	4小时47分	6小时40分
通行费用	878.87元	1 192.32元
油费	1 200.67元	1 875.99元
费用合计	2 079.54元	3 068.31元

注：S21项目收费标准为0.495元/(车·千米)。

3）路网均衡影响评估

本项目基于区域路网均衡的收费定价测算标准为0.567元/(车·千米)。根据三维视角下收费定价测算结果，满足投资者合理回报的一类客货车收费标准$P1$为0.63元/(车·千米)，项目生存模式下的一类客货车收费标准$P4$为0.48元/(车·千米)，使用者能够接受的级差效益区间上限一类客货车收费标准$P2$为0.831元/(车·千米)。当S21阿勒泰—乌鲁木齐高速公路建设项目采用生存模式下的收费标准0.48元/(车·千米)时，小于基于区域路网均衡的收费定价测算标准为0.567元/(车·千米)。

5.4.5 收费听证简化判定

S21项目根据路网均衡影响评估后的三维视角下收费定价为项目生存模式下的收费标准0.48元/(车·千米)，小于建议听证价0.50元/(车·千米)，可建议简化听证流程。

按照新疆行业主管部门《关于进一步做好收费公路设站收费有关工作的通知》，新疆维吾尔自治区发展和改革委员会组织新疆维吾尔自治区交通运输厅、收费公路经营管理单位及公路使用者代表，召开了收费方案听证会。

5.5 对比分析

1）基于现行政策常规收费定价基本思想

基于现行常规收费定价主要思想是通过收费还贷维持正常运营，偿清贷款。S21项目基于现行收费定价测算结论见表5-32、表5-33。

表 5-32　基于现行收费定价客车分车型收费标准测算结论

车型	第一类	第二类	第三类	第四类
收费系数	1	1.5	2	3.6
收费标准 [元/(车·千米)]	0.495	0.743	0.990	1.783

表 5-33　基于现行收费定价货车分车型收费标准测算结论

车型	第一类	第二类	第三类	第四类	第五类	第六类
收费系数	1	1.35	3.1	4.29	4.81	6.84
收费标准 [元/(车·千米)]	0.495	0.669	1.535	2.125	2.382	3.387

2）三维视角下收费定价基本思想

综合考虑三维诉求下的收费标准，从区域路网均衡方面判定收费标准合理性，从行业管理方面提出行业主管部门执行听证流程的听证价，同时充分参考并借鉴贵州省、四川省等内地省份收费标准的定价经验，为行业主管部门简化收费审批流程提供依据等。S21项目基于上述多种情况下的收费定价测算结论见表5-34、表5-35。

表 5-34　多种情况收费定价客车分车型收费标准

车型	一型客车	二型客车	三型客车	四型客车
收费系数	1	1.5	2	3.6
满足投资者合理回报收费标准 $P1$ [元/(车·千米)]	0.630	0.944	1.259	2.266
项目生存模式下的收费标准 $P4$ [元/(车·千米)]	0.480	0.720	0.960	1.728
使用者能够接受的级差效益区间上限收费标准 $P2$ [元/(车·千米)]	0.831	1.247	1.662	2.992
考虑区域路网均衡收费标准 [元/(车·千米)]	0.567	0.851	1.134	2.041
项目最终批复收费标准 [元/(车·千米)]	0.480	0.720	0.960	1.728

表 5-35　多种情况收费定价货车分车型收费标准

车型	一型货车	二型货车	三型货车	四型货车	五型货车	六型货车
收费系数	1	1.35	3.1	4.29	4.81	6.84
满足投资者合理回报收费标准 $P1$ [元/(车·千米)]	0.630	0.850	1.951	2.701	3.028	4.306
项目生存模式下的收费标准 $P4$ [元/(车·千米)]	0.480	0.648	1.488	2.059	2.309	3.283
使用者能够接受的级差效益区间上限收费标准 $P2$ [元/(车·千米)]	0.831	1.122	2.567	3.565	3.997	5.684
考虑区域路网均衡收费标准 [元/(车·千米)]	0.567	9.765	1.758	2.432	2.727	3.878
项目最终批复收费标准 [元/(车·千米)]	0.480	0.648	1.488	2.059	2.309	3.283

项目最终批复收费标准与项目生存模式下的收费标准一致，小于现行收费定价测算收费标准、满足投资者合理回报收费标准、道路使用者能够接受的级差效益区间上限及区域路网均衡收费标准。

对于投资者而言，收费标准仅能维持项目初期（近3年）生存，项目抗风险能力较弱；对于道路使用者而言，符合道路使用者诉求；对于行业主管部门而言，本项目所处的出行路径，出行成本小于周边路网可选择路径，将会吸引其他通道内交通，致使其他公路资源浪费，无法实现公路网资源最优均衡配置。

从运营情况来看，项目实际交通量远不及工程可行性研究报告预测值，且货车占比极低，初次定价实现的项目收益水平很弱，二次调整价格面临操作障碍，项目公司经营主要依靠股东筹资。初次定价如果能用好价格弹性空间，完善动态调价机制策略，将进一步提高项目经营抗风险能力和服务水平。

参考文献

[1] 李昌厚.对高速公路建设项目成本控制及财务管理的探讨[J].建筑工程技术与设计,2016(15):1310.

[2] 张丽娟.高速公路财务效益影响因素分析[J].交通科技与管理,2023(14):192-194.

[3] 王秋林,楚瑞锋,李贞贤.收费标准调整对经营性高速公路收费期限评估的影响[J].公路,2021(4):208-211.

[4] 李立.BOT融资模式下的高速公路建设项目特许定价研究[D].天津:天津大学,2017.

[5] 欧雯,张静晶.高速公路财务效益影响因素分析[J].交通与港航,2020,7(1):74-79.

[6] 张晓波.PPP模式高速公路特许定价模式研究[D].成都:西南交通大学,2016.

[7] 付亮.竞争条件下新渝涪高速公路收费费率优化研究[D].重庆:重庆交通大学,2016.

[8] 刘拥华,姚逸豪,李洁云,等.高速公路经营者与使用者行为策略的演化博弈分析[J].重庆理工大学学报,2022,36(3):260-267.

[9] 徐瑛,宋兵.基于收费权益的高速公路收费发展模式及改革方向研究[C].第七届中国公路科技创新高层论坛.中国公路学会,2015.

[10] 刘旭.基于系统动力学的高速公路PPP项目定价研究[D].重庆:重庆交通大学,2024.

[11] 焦荣.基于收费公路产业市场化改革的政府规制研究[D].西安:长安大学,2024.

[12] 翁雯萱.高速公路项目PPP融资模式研究[D].昆明:云南财经大学,2020.

[13] 余一村.高速公路合理通行费定价标准研究[D].广州:华南理工大学,2024.

[14] 宋金华,张琳,崔武文.高速公路PPP项目回报机制收费定价研究[J].河北工业大学学报,2023,52(1):75-80.

图书在版编目（CIP）数据

新疆经营性公路收费定价研究 / 新疆交通投资（集团）有限责任公司编著. -- 上海 : 上海科学技术出版社, 2024. 8. -- ISBN 978-7-5478-6742-6

Ⅰ. F542.5

中国国家版本馆CIP数据核字第2024FH1054号

新疆经营性公路收费定价研究
新疆交通投资（集团）有限责任公司　编著

上海世纪出版（集团）有限公司
上海科学技术出版社 出版、发行
（上海市闵行区号景路159弄A座9F-10F）
邮政编码201101　　www.sstp.cn
上海展强印刷有限公司印刷
开本787×1092　1/16　印张13
字数 190千字
2024年8月第1版　2024年8月第1次印刷
ISBN 978-7-5478-6742-6/U·152
定价：118.00元

本书如有缺页、错装或坏损等严重质量问题，请向工厂联系调换电话：021-66366565